# 75歳まで働き愉しむ方法

## 「自分ロードマップ」で未来がみえてくる

出川 通
*degawa toru*

Genshi BOOKS 言視BOOKS

言視舎

JN182296

目次

はじめに──なぜ75歳まで働くと「三方良し」となるのか　4
【近未来シミュレーション】
2025年、会社人間A氏と自立人間B氏50歳の人生模様　11

〈第1部〉75歳まで働くための50歳「卒業」モデルの提案　15

1−1　0歳から100歳まで人生を二分割し俯瞰すると　16
1−2　組織からの「卒業」による自立モデルと収入、自己投資　28
1−3　50歳までの前半25年は、組織内での助走期　36
1−4　後半の75歳までの25年は自己実現による収穫期　43
1−5　100歳まで愉しみ、人生を総括する　55
【ケーススタディ】
組織からの「卒業」経験──筆者の場合　26
組織からの「卒業」モデル、75歳でバリバリの現役H氏　57

〈第2部〉「自分ロードマップ」のつくりかた　だれでもできる未来シナリオ作成の方法　59

2−1　ロードマップによって全体を俯瞰し、未来の自分史をつくる　60
2−2　ビジョンとモデル　自分のあるべき姿、価値とは何か　68
2−3　ポジショニングとギャップ　現実とのギャップを分析し埋める　74
2−4　統合ロードマップ　複合視点で未来シナリオを確実にする　81
2−5　未来のリスクをヘッジするファイナンシャル・プラン　89
2−6　ロードマップの妥当性とリスクヘッジの方法　93
【ケーススタディ】
さまざまな異分野アイデアを融合して新しい価値を生む　98
【エピローグ──未来シミュレーション】
2050年、75歳のA氏とB氏の描写から　99

付録1　一般的なロードマップのプロセスと表現方法　104
付録2　20歳から80歳まで　ロードマップについて年代別の考え方の例　108

あとがき　114

# はじめに――なぜ75歳まで働くと「三方良し」となるのか

　本書は、いわゆるサラリーマンと呼ばれる組織勤めの人々が、75歳まで働くことで「三方良し」を実現する本です。「三方良し」とは、①自分にとって良い（収入）、②家族にとって良い（楽しさ）、③社会にとって良い（世代負担）の3つです。

　図1は、人生全体をライフサイクルとして図示したものです。50歳がめどになります。組織の中でそのまま働き続けようが、役員になろうが、自立しようが、最低でも75歳程度までは働き・稼ぐことを想定します。そのためには、**組織を50歳で一度「卒業」するというプランと実践がキーになる**、と考えています。

　今、企業等の経営では、ロードマップつくりが盛んにおこなわれています。というのも、先が見えない時代には従来の経営手法がつかえなくなってしまったからです。「未来」が見えて（想定されて）いた時代には、現在・過去を視点とする「スケジュール」だけでよかったのです。しかし、不確実で何が起こるかよくわからない時代においては、「未来」のあるべき姿を起点として現在のありかたを認識するロードマップ手法が、必要になったということでしょう。

　人生90年時代、医療技術と衛生環境の進化で、働き活躍できる年齢が拡がっています。その一方で、少子高齢化は進み、年金の支給開始が75歳となる日が間近にせまっています。

　そうした状況の中で、具体的にどのように生きたらいいのでしょうか。筆者は、最良の考え方として**元気な人は75歳まで働くこと**、を提案したいと思います。

　本書で扱う範囲は、50歳を中心にした前後25年間、すなわち25歳から75歳までです。この間ずっと働くための方法論としてロードマップを策定していきます。

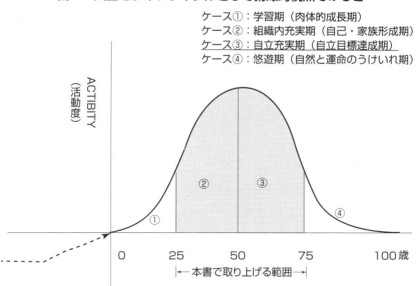

図1　人生をライフサイクルとして俯瞰的視点でみると

### ▶従来とは違った発想が必要

　すでに、多くの企業において、高齢者再雇用制度の延長や継続システムは、組織活力の面で根本的に無理があることがわかってきています。つまり、従来の組織依存型の定年＝悠々自適モデルは、不可能になったということです。これは、年金制度の崩壊というかたちで、目の前にせまってきています。

　筆者も50歳を境にして組織を離れる決心をし、実行しました。自分で働きながら現在65歳、あと10年で75歳です。気がついたら人生の前半は既存の組織で働く期間、後半は自分で自分の仕事をつくって愉しみ、かつ収穫する時間となっていました。今から考えてみると、50歳で区切る人生設計モデルです。まさに47〜53歳は人生のターニングポイントでもありました。詳細は本文中に実際の体験を含めて述べていきます。

### ▶「人生二毛作」が標準に

　「未来」はすでに始まっています。「人生二毛作」ともいうべき人生を俯瞰

したライフサイクルを示しましょう。生活・家族・収入・仕事内容のパターンが変化して、元気な人は皆、75歳まで働くモデルを実行することが、標準的なライフスタイルになるのではないか、と考えています。

収入面も検討します。元気で長生きをするということは、それぞれの個人が自分の未来を自分で切り開き、個人的にも、社会的にも生きがいを見出すことです。継続的に収入を得ることができれば、不安だといわれる年金問題も、「年金を増やせ」という無理をいうのではなく、自分で解決することができます。

本書では、普通のサラリーマンが50歳で組織を離れて75歳までに、
**うまくいけば年収 2,000 万円 × 25 年 = 5 億円**
**頑張れば年収 1,500 万円 × 15 年 + 1,000 万円 × 10 年 = 3.25 億円**
**まあまあでも、年収 1,000 万円 × 15 年 + 500 万円 × 10 年 = 2 億円**
**悪くても、年収 500 万円 × 15 年 + 250 万円 × 10 年 = 1.0 億円**
（いずれも 2015 年の価値換算）**を稼いで豊かになる方法**を紹介したいと思います。

### ▶本書の構成

ここで、この本の構成についてふれておきましょう。

すぐこの後、近未来シミュレーションとして、2025 年に **50 歳となる代表的なサラリーマンの2人、会社依存型のA氏、自立型のB氏が登場します**。世の中の変化にともなう両氏の生き方の違い、仕事、収入など50歳前の「準備段階」の違いを考えてみたいと思います。

続いて本文です。第1部においては、自分の人生を俯瞰し、**寿命を100年としたとき、50歳をその中間点**とします。前半は組織の中で仕事をしながら後半の自立のための助走と考え、後半は定年をなくすという形で人生を設計します。75歳までをどのように生きるかについて具体的に述べてみます。その中では、「生きがい」なども大切ですが、なによりも収入という観点で、現実的な数字やリスクも示してみましょう。**このモデルが現実的で、多くのサラリーマンの選択肢の一つになる理由を**、実感的に示していきます。

第2部は、**自分のロードマップの作成方法**です。会社（組織）内にいる場

合と組織を卒業（定年、退出）後のことをトータルで考えてみます。ロードマップ作成の定石ともいえる一般的な方法論を中心に、具体的な準備プロセスを示します。これまで、自分自身のロードマップをつくったことがない人のためのマニュアルともいえるので、すでに作成済みの人はここをスキップしていただいても構いません。

エピローグでは、最初に登場してもらったA、B両氏の75歳の状況をシミュレートしてみます。**50歳からの生き方と総収入の想定事例**です。どちらが望ましいかはそれぞれの人の価値観によるでしょう。**そうなる可能性が極めて高いシミュレーション**として読んでいただければ、と思います。

### ▶対象読者

本書の想定対象読者は、今後の人生をより豊かに、楽しくすることを願って指針をみつけようと思っている人すべてです。この本では、自分の未来を俯瞰して考えます。自分の価値を収入という面で見直し、その価値を増やしていく方法を示します。

したがって読者対象は、組織に所属して働いているサラリーマンが中心になります。もう少し具体的にいうと、先が見えない状況のなか、ミドル・シニアの時代を生き生きと過ごしたい人、自分の未来は不安だが、後半人生を自分自身で切り開こうという人、つまり未来志向型20～50代のサラリーマンです。50歳を過ぎて独自の活動をしたいと思っているがまだ組織内にいる人、そういう人も含みます。もちろん自分の人生に興味を持ち、未来を豊かにすごそうというすべての老若男女、特に若い方に読んでいただければ、より効果的だと考えます。

各項目別に独立した内容になっていますので、自分の興味のあるところから自由に入っていただいてかまいません。どうぞ気になるところから入ってください。

自分の人生や仕事や趣味をどうしたら楽しんでいけるかを考えることです。思い立ったとき、今からスタートしましょう。

## ▶60歳からの収入と資産のシミュレーション

いわゆる老後の金融負担はどのようになるのか、いくつかのケースについて考えてみましょう。

多くの企業でもそうであるように、実質的な定年の60歳で仕事を辞めたとします。その時点での余命を、男性も女性も30年とすると、90歳まで生きることになります。すると、少なくともあと30年分の資産（蓄積）が必要です。

その内訳を概算してみましょう。

現時点の物価でいうと、夫婦揃っての生活費は、人並の生活を送るためには月30万円必要と言われています。そうすると、**単純計算で、30万円×12カ月×30年＝1億円が必要**です。……①

一方で、サラリーマン夫婦合わせた年金の平均を厚生年金＋国民年金で、おおよそ月20万円としましょう。すると**1年240万円×30年＝7,000万円の収入**となります。……②

ということは、①と②の差額3,000万円の金融資産（たとえば退職金）があればいいということになります。

しかしこれはあまりにも楽観的すぎます。実際に年金がもらえるのは65歳からとかこの30年間についてインフレや年金の減額などのリスクを考えると、実質30％は割り引いて考える必要があります。

すると、**実際の必要金額は1.3億円**となります。収入予定の年金が7,000万とすると、差額は**6,000万円**となり、よくいわれている老後の必要資金（金融資産）の額になります。

一般的な大卒サラリーマンの退職金が2,000万円の時代、もし60歳定年時に貯金がないとしたら4,000万円足りないという計算になります。

60歳定年時に、現金でこの6,000万が用意できている人は、ここで読むのはストップしていただいてもかまいません。以下は足りない人やもっと豊かに暮らしたい人向けです。

### ▶定年間近の人でも間に合います

それではどうしたらいいのでしょうか？ 誰にでもできる対処法はあるのでしょうか？ この長寿時代の最大のリスクをさけるには、できるだけ働き続けることです。本書はそのための具体的な対処法を示すことを目的としています。できれば30歳頃から用意するのが望ましいのですが、40歳頃からでも間に合います。もう定年間近だという人もまだまだ大丈夫でしょう。

実質定年60歳ですが、近年のいわゆる定年（雇用）延長の場合を試算してみましょう。余命と必要費用は上記をベースにして、4つのケースで考えてみます。
(1) 60歳で早期リタイアした場合。上記のとおり、**60歳の時に必要な金融資産は6,000万円**。
(2) 60歳から65歳まで年収500万円で定年延長する場合。500万円×5年＝2,500万円。**60歳の時に必要な金融資産額＝3,500万円**となります。
(3) 年収500万円で75歳まで働く場合。500万円×15年＝7,500万円。**60歳の時に必要な金融資産額は－1,500万円（余裕資金）**となります。
(4) 番外編として、年収250万円（最低賃金法基準でフルにはたらくと得られる収入）で85歳まで働く場合です（8,000円×月25日×12カ月＝年収約250万円となる）。250万円×25年＝6,250万円。**60歳のときの必要な金融資産はほぼ0円**です。
※以上の計算には前ページの仮定が入っていることをご了承ください。

この計算の(2)は、定年後の再雇用、あるいは定年延長制度での可能なシナリオですが、年金以外にかなりの額が必要になることを示しています。

(3)は60歳から75歳まで働くというモデルですが、かなり「老後」が楽になることが明確です。このシナリオの実現には、若干の準備と工夫が必要です。しかし本書で述べる外部専門家として生きる場合には、そう難しい話ではありません。通常の勤務をこなしたサラリーマンにはだれでも可能な内容です。さらに多く収入を得ることも大いに可能です。これはのちほど第1

部で詳しくお話ししましょう。

　また (4) は最低賃金のシナリオです。労働力人口が減少する日本で、身体が元気な限り準備なしでも可能なシナリオです。しかし、85歳まで元気で働き続ける必要があります。

## 【近未来シミュレーション】
## 2025年、会社人間Ａ氏と自立人間Ｂ氏 50歳の人生模様

　これは、近未来の 2025 年の春におこりうる出来事です。昔でしたら人生 50 年ですが、今は人生の絶頂期であるはずの大手企業サラリーマン、50 歳の二人（Ａ、Ｂ両氏）の様子をみてみましょう。二人とも、国内のいわゆる名門大学を卒業し、2000 年前後に大企業の新入社員として採用されて 25 年たちました。

　まずはＡ氏です。彼は会社一筋、組織の中の主要事業部門に配属され、主流派として陽のあたる職場を歩き、今後もずっと会社の中で定年まで（名目は 70 歳、実質は 50 〜 60 歳）勤め上げるつもりです。最優先は会社の仕事、人生プランに迷いはなく、何の疑問も抱かないうちに 50 歳になっていました。

　もうひとりはＢ氏です。彼は最初からＡ氏と対照的に、会社のなかでは既存の本業部門ではなく新規部署に配属されました。掛け声としては「当社の将来を担う部門」でしたが、実態は非主流。失敗をしながら、いわゆるゲテモノを扱ってきて、会社の役員からは白い目でみられています。このため常に自分の会社人生はこのままでいいのか、と考えざるをえませんでした。

### ▶ 2015 年、日本の企業をめぐる状況

　思えば 10 年前、2015 年の話です。二人とも 40 歳のころですが、何が起こっていたか振り返ってみましょう。世の中には「キャリアアップ」という言葉が出始めていましたが、まだまだ大企業は安定という神話が色濃く残っていました。しかし優良な大企業が次々と大赤字を出して、企業分割、Ｍ＆Ａなどが徐々に普通になり始めた時代になっていました。また従業員の待遇にも年功序列や退職金の廃止などという変化が明確になっていたときでした。

　当時の日本国内は少子高齢化が進み、年金の危機が取り沙汰され、消費税の 10% への切り替えがほぼ確実になるなど、先が見えない状況でした。特に年金の危機は、支給年齢の引き上げと支給金額の減額がセットとして囁か

れ、若い人たちに将来の不安をいだかせる最大の項目となっていました。その代償として、政府主導の定年延長策として、65歳までの雇用延長が義務化、さらに70歳への延長が検討されようとしていました。しかし、企業には原資が足りないため、対策として50歳以上の高齢者の賃金上昇カーブが抑えられるとともに、60歳以上の給料が大幅に減額されるのは、当たり前となっていました。

また、各種企業の儲けるパターンがどんどん変化していき、日本でも大企業のかつての強みが弱みに変わる例が続出してきました。例えば、製造業では大工場を持っていることが足かせになり、新しいことが展開できないというイノベーションのジレンマ（パラドックス）に陥る企業が多数ありました。

従来の既存事業で実績を挙げてきた「持ち上がり型」の経営者の限界が露出し、50歳前後の経営のプロが各企業で必要になり始めた時代です。すなわち従業員が自動的に経営者にならない時代になり始めていたのです。

## ▶主流を歩いてきたA氏

それまで、組織の中でそれぞれの立場で生きてきた同期の二人の大きな違いは、不確実な未来への準備を始めるタイミングにありました。

A氏は入社以来、主流事業の維持に奔走することで、既存組織の流れの中で活躍していたのです。成果も多く、事業の延命に懸命に尽くしていました。もちろん社内では順風満帆、同期のなかでは先陣を切って30代で管理職に到達し、40代までは当然の如くトップを走っていました。社長からも目をかけられていましたから、次の役員となることを期待され、本人も当然そうなると自覚していたのです。

しかし、40歳になった2015年ごろのことです。さすがにそれまで主力だった既存事業はもう風前の灯火になっていました。さらに、海外でさまざまな新しいビジネスを成功させた同年代の新しい経営者が、外部から就任することになったのです。突然のできごとでした。このとき、既存事業出身では役員の目はなくなっていたのです。

A氏の不運は続きます。規模も縮小され、儲けもほとんどなくなったとはいえ、既存事業については後始末の業務が膨大にあったのです。A氏は

相変わらず超多忙の日々を送らざるをえませんでした。

### ▶ B氏は傍流でプロジェクトマネージャーになっていた

一方、B氏は企業内では新規部門という主流ではないこともあり、管理職になったのは人並みに40歳になってからです。30代半ばからは、何かやらなくては会社は沈没するという危機感もあり、他人任せはやめて、新規事業を次々と提案していましたが、なかなか採用されず、陽の目を見ない時代が続いたのです。

しかし、自分自身が新しい市場の開発に走り回った結果、そのうちの一つの可能性が大きいと認められ、ようやく認可されたのでした。B氏が35歳のときのことでした。

本人は最初からプロジェクト・マネージャーを志願していましたが、まだ若いと任命されませんでした。ところが、先が見えない事業展開には年長候補者は辞退の連続、やむなくB氏がプロジェクト・マネージャーに任命されたのです。

プロジェクト・マネージャーはやってみると「社長業」です。全くの未知の市場、技術へのチャレンジであるとともに、まさにビジネス全般の経験を積むことになりました。見ることやること全部新しく、積極的にマーケティング、技術、財務・経理、法務などを学ぶことが必要になり、それを実践しました。

しかし待遇については、恵まれていたとはいえません。報酬面についていうと、管理職になったとたん給料の10%カットに遭遇したのです。この給料10%カットは、会社の定年延長への対策と、優秀な若い人材を確保するための原資を捻出するための施策でした。その上会社は、年金の70歳支給開始に伴う70歳までの定年延長をにらんで、40歳以降の社員の完全個別年俸制を提案していたのです。これは聞こえはいいのですが、70%の人は年収減、30%の人は微増となる制度です。

このようにA氏B氏ともに、給料は40歳頃からほとんど上昇しない、という状況に2015年当時からなっていたのです。

### ▶ 40歳のターニングポイント

　二人のターニングポイントは、まさに2015年、40歳のときの環境にありました。
　A氏は入社以来実施してきた既存事業で守りに入りながらも、主流事業というプライドを保ちながら出世するという道で生きていくことを選んだのです（選択肢はなかったのかもしれません）。
　一方のB氏は新規事業展開のなかで事業・組織の有限性、バーチャル性に気がつき、逆に攻めにでることに注力します。そのため半信半疑ながらも、自分のロードマップ作りを開始したのです（せざるを得なかったのかもしれません）。
　両者の違いは、B氏が組織や役割分担の縦割りの枠を超える活動を継続するなかで、会社のなかでは何に貢献でき、自分になにが得られるかを考えるようになっていたことでした。結果的にB氏は自立準備を進めることになります。

　50歳を直前にした二人のうち、A氏は、そのまま会社に残ることを希望しました。B氏は組織に拘束されることのない、自分で全てを決められる道を選び、得意分野を生かした小さな個人会社を立ち上げる道を模索し始めたのです。
　そのときの転職市場は、外資系からの声が30代の若手技術者中心にかかっていて、さらに経営者としての50代以上へのヘッドハンティングが、非常に活発になっていたのです。しかし、40代の中間管理者にかかる声は少なかったのです。

　その後の二人はどのような人生を歩んでいくのでしょうか。25年の歳月を超えて75歳の時点でのエピローグに続きます。

# ＜第1部＞
# 75歳まで働くための 50歳「卒業」モデルの提案

　第1部では、長寿命・低年金時代のサラリーマン・ウーマン人生のなかで、**50歳を中間地点としてその前後を25年に分けて考え**、それぞれで働き・愉しむことを提案します。

　前半は、組織のなかで思い切った活動をしながら、**自立・自営への準備期間**とします。**後半は組織を「卒業」して、自己実現と社会価値の創出を行なう人生の本番**とする考えがベースです。

　また後半では、収入をシームレスに獲得しながら、年金だけに頼らず生きるにはどうしたらよいかを検討します。人生の後半において、より大きい付加価値を生むことで、**生活も生きがいも増大する人生モデル**を提案します。

　近未来の日本で、組織と個人の関係に何が起こるか、欧米の先進国事例にもとづき考えてみましょう。まずは組織ですが、企業において人事制度的に年齢給はほとんどなくなり、一般社員の給料は40歳がピーク、50歳以降は大幅減となるでしょう。また専門家については、いわゆる**専門家の両極化**が起こると想定します。すなわち①組織内だけの専門家（**スペシャリスト**）と、②どこでも通用する高度な専門家（**プロフェッショナル**）との分離です。いずれ高度な専門家を一つの組織（会社）ではかかえきれなくなるので、一人の専門家を複数の企業で使う雇用形態が出現する、と予想できます。

　その結果、年齢に関係なく必要な専門性（スキル）を持つ人の流動性、必要性は上昇します。これは**50歳以降の人が組織を「卒業」し、自立して生きていくための王道・早道のガイドライン**となります。

　高度の専門家にならない人でも、将来少子高齢化が進む日本のなかでは、なんらかの得意ワザを見つけることで、不足する貴重な労働力として生きる方法があります。

## 1−1
# 0歳から100歳まで人生を二分割し俯瞰すると

　自分の将来をイメージする方法は、人生全体をまずは俯瞰してみることです。そこで、実際のモデルとなる人が見つかれば、その人をお手本、ベースにしてイメージすることができます。しかし、世の中が変化するときは、必ずしもモデルとなる人がまだ現われていないともいえます。

　ここでは、100歳まで生きるという仮説を立て、それに基づくと人生はどうなるかを考えてみましょう。そのときに役立つのがロードマップの考え方なのです。人生を云々すると抽象的な人生訓のように思われるかもしれませんが、それぞれの個人をひとつの事業体とみなしその未来を考えると具体的になります。モデルがないからこそロードマップが必要なのです（ロードマップの作成方法は第2部を参照）。

### ▶個人という「事業体」にもモデルチェンジが必要

　いまの世の中は大きく変わりつつあります。世の中の大きな流れの変化をパラダイムシフトと呼びます。日本においては、21世紀になる直前の10年間はバブル崩壊の後遺症といわれ、「失われた10年」といわれてきました。実は「その後の10年もまた失われた10年」と呼ばれています。これはなぜか？　要するに、**日本全体が環境変化についていけなくなっている**、ということだったのです。

　これは個人についても同じです。いまのおかれている環境は、昔のように集団で画一的にではなく、多様な未来をそれぞれの個人が切り開いて行くことが求められるのです。このために準備されたツールがロードマップだともいえます。

　個人も生まれてから死ぬまでを俯瞰してみると「ひとつの事業体」です。世の中に「新規事業体」として出現したとすると、どこかでピークを迎えな

がら、環境変化やライフサイクルの変化に対応してモデルチェンジする時期がきます。この時、**軸足を50歳におき、全体を二分割してみること**を提案したいと思います。すなわちロードマップ全体の時間軸を半々に分けて考えるのです。

個人を事業体とするわけですから、強みの発見、自分のポジションの確保、生命の維持のための収支バランス、投資による発展などを考えていきます。

### ▶可能なら若いころに「ダブルメジャープラスα」を目指す

人生の中間点、50歳で組織からの「卒業」を視野にいれる2段階型のロードマップを考えると、前半と後半、組織の内と外のどちらに重きをおくかという問題もあります。それぞれメリットもデメリットも存在します。

仕事のスキルという意味では、組織内で経験を積んだほうがよい、という意見と、早くから組織に依存しない（独立した）状態で経験を積んだほうがよいという考え方の両方があります。どちらがよいとはいえません。

たとえば、組織の中でその当時最新の経理システムを学んだとしても、時代が過ぎれば陳腐化してしまいます。世の中はどんどん変化していくものなので、いずれにしても、変化に対応できる力であることが必要です。

若くて吸収力のあるほうが業務効率は上がるわけですが、そのときのHOW　TOが、定年になってからそのまま通用するものではありません。サラリーマン時代を修業時代として考えるならば、若いころは物事（この場合は経理）の本質を学ぶことで充分、といえるでしょう。

サラリーマン時代には、専門分野の深耕は、組織のなかだけではなかなか難しいといえます。昨今では専門知識の陳腐化のスピードも著しく、かなりの工夫と努力が必要です。自分の技術などをもとに、自己実現をはかろうと考えているならば、一つの専門分野を押さえたあとは、できるだけ若いうちに、さらにひとつ以上の専門分野を持つことを勧めたいと思います。

可能ならば、**20代でひとつの分野の専門家**となり（これは大学、大学院を卒業することが目処になります）、**30代でもうひとつの専門分野を確立**することです。これによって、**40代からはダブルメジャープラスαとして専**

門の中間領域を一気に掘っていくことができます。

　プラスαの意味は、当節このような専門家は増えているので、できれば40代にはさらにもうひとつの専門領域を確保することです。マルチ、トリプルなメジャーがあることで稀少価値が生じるようになります。

　ダブルメジャー、トリプルメジャーということは、ひとりの人間の専門分野が二つや三つあるということです。一人何役的な価値があるだけではなく、ひとつの事象に対していろいろな視点から、複眼的に見ることができる、そのことに価値があるというものです。

　本書のように自分のロードマップを描いて未来を目指すひとにとっては、前半のサラリーマン時代は目的ではなく、自立するまでの手段の時代になります。その場合、年代別、世代別にビジョンを描き、ひとつのマイルストンとしていくことも大切です。そのタイミングについての詳細は、付録2の「ロードマップについて年代別考え方の例」を参照していただきたく思います。

### ▶実践的な収入モデルの考え方

　組織からの「卒業」という選択肢をロードマップに組み入れる場合には、先にも少しふれた「専門家」となる必要があります。専門家になれるかどうかが収入モデルのカギとなります。この専門家は、レベルによって普通でも組織にいたときの年収を、最低でも年収の半分をキープでき、うまくいけば2倍以上の年収を得られます。本書ではそれを75歳までキープすることがテーマになります。

　そのためには、自分の価値とともに社会の収入モデルの基本を理解して準備することが必要です。これから企業におけるコスト＝人件費の考え方と実際的な収入の落差について述べていきます。ここでは、組織内の収入カーブの変遷やその予想などについて述べていきましょう。

　一般的に、組織の中でうまくいく人は、独立してもうまくいく人が多いのです。このことは重要なことで、組織の中であまりうまくいかなかった人は、少し反省して、直すべきところを修正すればよい、と考えましょう。組

織でうまくいっていた人にも、そうでなかった人にも、組織を卒業するときに共通していえることは、まずは独立心（起業家精神）を持つことです。人のせいにしないとか、言い訳をしない、ということです。また、世の中の変化という環境条件をちゃんと把握していることも大前提となります。

そのうえでサラリーマン時代に培った専門性と汎用性を、世の中で通じるかたちに、ブラッシュアップしておくことです。これは組織の中にいるうちにそうしておくことが望ましいといえます。これができれば、後半の収入モデルが成立します。

### ▶ 2025年、給料曲線の予測

すでに何度かふれていますが、ここで日本の企業における従業員の給与体系の変化をみてみましょう。今後の日本の企業の変化を予想することは、自分自身のリスクヘッジのために大きい意味があります。

図2は、年齢に伴う給料曲線を2010年と2025年で比較したものです。2010年までは、基本的に60歳定年、企業側の選択として65歳程度までは雇用延長も可能というモデルでした。50歳程度までは給料は漸増しますが50歳で頭打ち、60歳程度まではそのまま、人によって若干の増減が見られます。60歳以降はガクンと低下するわけですが、年金の基礎部分が出る場合、出ない場合等、ケースによって収入は異なります。いずれにせよ給料は

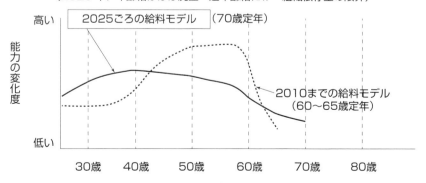

図2　企業における給料曲線の未来イメージ
（2025年、年齢給はほぼ廃止⇒逆年齢給に!?：組織依存型の限界）

60歳前にくらべて70－30％に低下するのが普通でした。

　一方、2025年の給料曲線の予想です。2010年とくらべて30代、40代は増大傾向にありますが、一般的な従業員の平均給料は40歳で頭打ち、そのまま50歳程度までいきます。

50歳以降は低下傾向が顕著になります。それは定年が70歳まで延長された結果、その原資を捻出するため、それまで優遇されていた40～60歳のレンジが減らされるからです。そのかわり（個人によって大きく変化しますが）平均として60歳の時に大きく給料が減るのではなくて、なだらかに低下して65歳から70歳に到達することになります。ほとんどの人は**実質的に50歳が定年＝強制的に組織から退出、クビになる**といっても過言ではないでしょう。

### ▶ 50歳で組織を「卒業」するモデル

　つぎに、50歳の時に組織を「卒業」して、専門家として自立するモデルを考えてみましょう。それが**図3**です。それまでの年収を維持する場合と年収を超える場合を併記しています。そのどちらかになるかは、**50歳までの組織にいるあいだの努力と能力**しだいです。専門家としての時間給、分配

図3　50歳で自立モデルの収入曲線

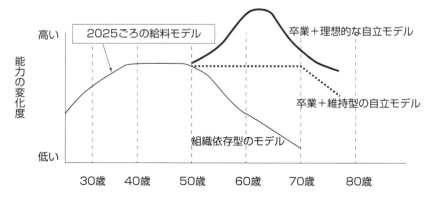

（感覚イメージ：2025年、年齢給はほぼ廃止⇒逆年齢給に!?）
■理想的な自立モデルとは：75歳まで高収入現役
●現状維持型モデルとは：自立するが手は広げない

率を考慮すると、決して難しい話ではありません。

　例えば、企業のなかでのコストレートが時間あたり1万円のサラリーマンでしたら、同じレートで（社外）専門家として働くことができれば、日給8万円、月収160万円（20日労働）、年収2,000万円となります（大事なポイントは企業側の負担は同じという点です）。50％の仕事率（月10日の仕事）であれば、年収1,000万円の収入となる計算です。この場合、健康保険は個人負担になりますが、厚生年金負担はありません。土日も働く、残業もするならば、このままのレートでも年収3,000万円となります。

### ▶仕事内容と報酬

　ここで、仕事内容に対する報酬と年齢の関係についてみていきましょう（図4）。一般的に、肉体労働（物作り能力）については若ければ若いほどよいといわれますが、年齢によってスキルアップする要素もあると考え、40歳ごろが最高の効率と仮定しましょう（ⓐ）。

　次に経験を伴う熟練作業（モノ造り能力）については、ある年までは上昇し、五感の衰えに従うとすれば50〜60歳程度まではOKという面があります。そういう意味では、昔の50〜55歳、最近までの60歳定年制というのは、創造的な仕事を期待されていない、組織の一員としての仕事内容では、ある意味でリーズナブルな制度であるともいえましょう（ⓑ）。

　いわゆる個人事業としておこなわれているマッサージ、鍼灸、理容師などが時間5,000〜6,000円、これはちょうど大企業の工場におけるブルーワーカーの作業レートと一致します。熟練度が低い作業、派遣事務職、中小企業の場合のワーカーレートは3,000円程度です（これらはその加工製品が生む付加価値によってもちろん変化はします）。この分野の全般では時間3,000〜6,000円といったところでしょう。

　参考までに月収という形で計算してみます。もし労働分配率が100％であれば、コストレート3,000円の場合でも3,000円×8時間×20日＝月48万円となります。これでも年収576万円です。つまりこのケースでも、組織を「卒業」したほうが有利な場合がある、ということです。

　次に経験的な知識や知恵にプラスしてクリエイティブな内容が加わった場

合(もの創り能力)はⓒとなります。いわゆる専門職(経営者を含む)はパターン化されていないクリエイティブな仕事であり、熟練もありますが個人差、センスの差のほうが大きく、年齢制限はあまりないことになります。

このことをまとめて示したのが**図4**です。

この仮説によると、組織での作業の質が外でも通じるとすれば、ⓒの場合は1時間、1〜2万円の価値があります。そうすると、それを外注したとしても組織は損をしません。組織を「卒業」すると「配分率」は100%に近づきますから、この価値がほとんど収入になります。ということは、1万×8時間×20日で月160万円、年収2,000万円が稼げることになります。これが75歳すぎまで確保されてもおかしくありません。

詳細は1−4でも述べますが、組織から離れて自立・自営するということはこんな意味があるのです。

図4 ものつくり能力の年齢依存度イメージ

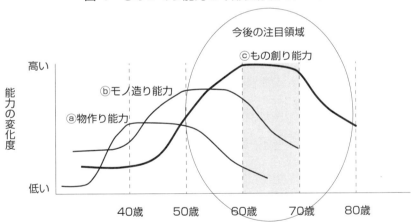

### ▶求められる環境変化対応

極端にいえば20世紀の日本の企業人に求められていたのは、欧米諸国に追いつけ追い越せということでした。ターゲットは決まっていて、確実な実行が求められました。組織としては、管理のなかではみ出しは許されず、いわゆるリスクはすべて事前に摘み取ることが求められたわけです。

すなわち、先が不確定なことについての思考や行動(たとえば創造性)は

求められず、リスクを冒さないようにコントロールするのが、当時の管理方針でした。徹底的な過去の数値・統計データと経験重視の管理がなされ、それが日本の組織運営の基本となってきました。このとき、必要とされたのは、創造性よりは勤勉性、規則遵守性、出身大学のブランドと専攻学部・学科などでした。

それでは先がみえない今日、企業人や専門家に求められているものとは、なんでしょうか。それはいわゆる**イノベーションへの貢献**であり、そこにおいてこそ価値（＝顧客価値、社会価値）が生まれるというものです。

組織のなかで働いているサラリーマンの大多数は、その経歴や能力、知識、智恵、経験を見込まれて存在しています。しかし組織が必要とする能力は時間とともに変化していき、いずれは組織の要求と自分の能力が乖離していったり、不本意ながら定年前に組織から離れることになったりするわけです。また、組織じたいの動きも早すぎたり遅すぎたりして、世の中や自分の価値とマッチしないことも多いのです。

こうしたことへの個人の対策には、大きく分けると２つの方向性があります。

① **すでに持っている専門知識（スペシャリティ）の深耕化**

自分の得意な専門知識をさらに深くほりさげ、他人の追随を許さないようにしていくことです。特に、その専門が自分の属する組織の中心的なビジネスやミッションと一致していたり、近かったりする場合には、その手法は組織にとっても利益となるのです。5〜10年と組織内で活躍してきた人は、客観的にみれば、すでに専門性を確保しているといえそうです。

自分の属する組織のミッションとずれていても、その専門性がどんな組織にも通用するレベルに達しているときは、組織の枠を超えたプロフェッショナルとしての戦略を描くこともできます。この例が専門分野の資格取得（たとえば法務、経理、財務系の資格、弁理士、弁護士、博士と技術士などの資格）です。

② **専門知識分野の拡充として、すでに述べたダブルメジャー化**

専門分野はすでに上記①で確保している場合の次の一手がこれです。専門性を深化させるだけでなく、横に広げることが大切です。すでにもっている

専門性以外の組織内スキルを獲得するという手もありますし、興味をもっている他分野へ自己啓発する、ということでもＯＫです。近年では、そうしたニーズに対応した社会人のための大学や大学院の講座が多数あります。

このように、第二の専門性を獲得してダブルメジャー化を実現すれば、人生のすべてを組織に依存する必要はなくなります。

また、これらの獲得（予定）マップが「**自己ロードマップ**」作成のネタつくりともなるのです。

### ▶定年と定年延長の意味

かつて50歳が定年だった時代は、平均寿命が55歳、60歳から支給される年金は、まさに長生きした人へのボーナスという位置づけだったのです。しかし寿命が大幅に延びているのに、年金制度はそのまま、そのうえ定年が延長されると何が起こるか？　それがいま崩壊の危機にある年金や定年延長問題の背景にあります。

そのうえで、企業の給与体系の変化の本質をつかむことが必要です。現在の企業の体系では、従業員としてのスキルは50歳をピークに低下するので、それに応じて給料も低下する傾向になっています。

そして「定年」とは、ある意味で企業から従業員へのクビの宣告です。クビにならないで組織に残るということの意味は、役員になるということです。取締役とかの役員は従業員ではありません。会社を退職して（退職金制度がある会社はそれをもらって）、改めて個人として会社と契約して就任するのです。これは本書の50歳で自立・自律して、第二の人生に入ることと一致する面があります。

一般に、企業は経営者候補について、早い時期から（例えば40歳ごろから）選んで準備をさせておいて役員に登用するのが普通です。会社を経営する立場ですから、これも組織から「卒業」して自立するモデルのひとつです（ただし、企業の役員にも「役員定年」というものがあるので、その後のことも考えて、役員の人もさらなる「卒業」を視野に入れる必要があります。同じ組織での継続とはいえ、キャリアアップの一つと捉えるのがよいでしょう）。

ここで、「定年延長」について考えてみましょう。定年延長とはクビが延期されるだけですから、組織と個人がもつ本質的な問題が解決されるわけではありません。それが何度か述べてきた、雇用条件が極端にわるくなるという現象です。中間管理職になるまで年齢とともに上昇してきた給料は維持されず、能力と見合った給料となり、高齢層の給料は間違いなく低下します。さらにいうと、延長はされても、再定年は必ずくるということです。

　昔は、大企業は安定性があったので、組織の中にいるかぎりリスクマネジメントは不要でした。また個人の寿命も短く、終身雇用しても問題なかった面もあります。しかし、現在はそうはいきません。定年延長で、クビになるまでの期間は延びていますが、そのときは次の３つのことの意味を充分考えることが重要です。

　①年齢給から能力主義への転換の意味
　②定年の意味と、定年延長の意味
　③それにともなう、従業員の待遇変化の見通し

## 【ケーススタディ】
## 組織からの「卒業」経験——筆者の場合

　もう10年以上前の話になりますが、筆者のケースについて、客観的に述べてみましょう。当時、他業界よりは早く経営環境のパラダイム変化がやってきた重工業分野でのおはなしです。

　結果的に、筆者は50歳で「卒業」を表明、実際に卒業したのは52歳でした。当時は新事業部の事業部長をしていたので、役職をやめても、2年間は会社を離れることを考え直すように説得されたので、「卒業」が2年遅れたわけです。
　会社の中で立ち上げた新事業を最後まで全うしたいという意欲はありましたが、そのための提案が社長権限で否決されており、社内での立場がなくなりかけていた、ということもありました。当時の状況をできるだけ客観的にスタディしてみましょう。

① **給料の状況**：

　管理職の給料カットなどがあり、40代後半から実質収入は頭打ちになっていました。その後の見通しとして、定年の60歳まで増額する見通しはなく、役職定年（55歳）以降は、かなり低下することは明確でした。当時は、定年延長も含めて50歳以上の人材が余剰で、60歳以降、嘱託になるケースもありましたが、専門職以外では少ないという状況でした。
　また役員になる可能性もなくはなかったのですが、不確実性の大きい（山谷が大きい）新事業での立場では難しい（可能性は極めて少ない）、という判断もありました。

② **退職金と年金の見通し**：

　早期退職割増の時代は過ぎていましたが、会社側は50歳以上の団塊世代の早期退職を促すために、50歳以上の自己都合退職に対しても、会社都合と同額の退職金を支給していました。

③**年金**：厚生年金の受給資格は25年勤続であり、49歳のときに資格は一応得ていました。企業年金制度は、重工業界ではかなり早い時期に廃止されており、自己責任での対応が強調されていましたが、個人的に特に考えていたわけではありませんでした。このため正直言って、ロードマップは描いていたものの、定年後のファイナンシャル面についてあまり真剣には考えたことはなかったのです。老後については漠然と、何か専門知識を生かしたアルバイト＋通常の年金生活＋退職金の食いつなぎかな、と考えていたのです。

④ **負債・資産と家族の状況**：

　幸いにローンなどは完済していました。妻は専業主婦なので収入はなく、当時の一般的なサラリーマン所帯そのものなので、資産はあるとは言えない状況、老後資金は退職金頼り、といえました。娘は大学を卒業して、就職がきまって1年たったところ、息子は大学に入学が決まった段階でした。

⑤ **周囲の状況と専門家としての見通し**：

　周囲の複数の方々から、「新事業が一段落したら手伝ってくれ」と言われていたのは事実ですが、世の中はそうあまいものでないことも重々知っており、本気のお誘いがどのくらいあるかは不明、というのが正直なところでした。

　専門家として、世の中にどのような価値貢献ができるかということは50歳時点では不明でしたが、新しい準備は漠然としていただけでした。しかし今から考えると30代後半と40代後半での北米での体験、企業の中での各種新事業の実施経験があり、大きな組織に依存しない働き方があることは知っていました。

　でも、それを本気でやるのはまだ先かと思っていたのです。

# 1-2
## 組織からの「卒業」による自立モデルと収入、自己投資

　組織の内側で生きてきた人々には、組織の外で生きるということは、そう簡単なことではないのです。そこで組織を離れたときの状況を、**ロードマップの発想で検討**してみましょう。組織の内側と外側、両面からの視点を確保することが必要です。

　繰り返しになりますが、今後の日本企業をとりまく環境状況をまとめておきます。

- 会社の給与体系は、年齢給はなくなる方向で、一般社員の給料は40～50歳がピーク、50歳以降は大幅減となるが、定年は70歳まで延長される。
- もの創り型の専門スキルを身につけることは、自立・卒業への王道・早道となる。しかし専門家のレベルで２つに大別される。組織内だけの専門家（スペシャリスト）か、どこでも通用する専門家（プロフェッショナル）か。
- いわゆる高度専門家は、一つの組織（企業）だけではかかえきれなくなるので、一人の専門家を複数の企業で使う雇用形態の出現（自立した専門家の活躍する時代）。

### ▶組織からの「卒業」という考え方

　「**自分ロードマップ**」の基本的な考え方は、未来を自分で描くことです。あるべき姿、理想形は、悲観的ではなく、現実的にもなりすぎず、あくまでも楽観的な視点で描くことが必要です。しかしながら、楽観性だけでは物事はすすみません。そのとおりにいかない時にはどうすればいいのでしょうか？

　それに答えるひとつの方法が、着実なギャップの補完方法です。その方法について考えてみましょう。これは、卒業するときのベースになります。

　多くの人々にとって留意すべきことがひとつあります。自分の望む未来の姿（ビジョン）は、年齢などからいって組織を「卒業」し、もろもろの制約

がなくなった後になることが多いということです。思考方法において組織の中にいる人が組織を離れたとき、ギャップがあることが予想されます。このギャップは、どのように埋め、乗り越えたらいいのでしょうか。

多くの人は、学生時代も含めて既存組織の中にいて、そこから離れたときの免疫力をもっていないのが普通です。「自分ロードマップ」を作成することで、未来からの視点を確保することができます。すると、組織内にいるときに「組織を離れる」という仮想実験を行なうことができ、自分の免疫性を強化することができるのです。

定年の前に自分の意思で組織の枠を離れていくのは「卒業」ですが、（強制的に組織から追い出される）定年は、まさにクビということです。ロードマップの役割は、クビになる前に行なうべき組織からの卒業準備です。それまでに培ってきた能力を花開かせるための準備期間が完了したときが、卒業準備が整ったとき、と考えることができます。

組織を離れるということは、自立・自律することです。自立というと聞こえはよいですが、社会の波風にも当たります。改めていろいろな組織と関わりを持つことであり、未知の世界に飛び込むことが自立になるわけです。

環境変化への対処力をつけ、50歳以降の後半を人生の本番といえるかたちで活躍することをイメージし、準備することが重要です。とくに収入面は重要です。「社会価値」、「顧客価値」を増大させる仕事をして、収入が増えていくことがゴールです。

このためには、「自分ロードマップ」によって基本的な視点を定め、「卒業」の準備、タイミングを見つけていくことが大切になってきます。

## ▶自分への投資──自分もひとつの事業体と考える

ここで再び個人をひとつの「新規事業体」として考えてみましょう。

学校教育が終わるまでの人生は、共通のスタートラインにならぶ投資される段階となり、その後の人生は、それぞれの「新規事業展開」をにらんだ、スタートアップ、「強み」の発見、その中での自分のポジションの確保、生命の維持のための「収支バランス」、投資による発展など、さまざまのステージを経ていくわけです。同じものは一つとしてありません。

組織に採用された場合（＝就職）には、その後、組織のなかで、その経歴や能力、知識、智恵、経験を積んで成長していきます。しかし、組織が必要とする能力は時間とともに変化していき、せっかく獲得したスキルもいずれは陳腐化し、その組織では不要となっていくことが多いのです。
　これはリスクとも言えますが、チャンスとも言えます。というのも、その組織では不要になった知識やスキルは、別の組織では必要とされているものかもしれないからです。
　組織の内部だけでなく、外部での未来を考えると、自分の能力を磨いていくことは、つねに必要です。そのためには「投資」が必要であることは言うまでもありません。
　世の中には、投資の基本法則というものがあります。投資回収をあせると、ろくな成果は得られないのは知られています。しかし投資回収という視点を持たないと、回収できない捨て金になってしまうのも事実です。
　図5は、人生のライフサイクルを俯瞰的視点でみた図1（p.5）に、自分自身への投資のイメージを追加した図です。自分自身への投資では、すくな

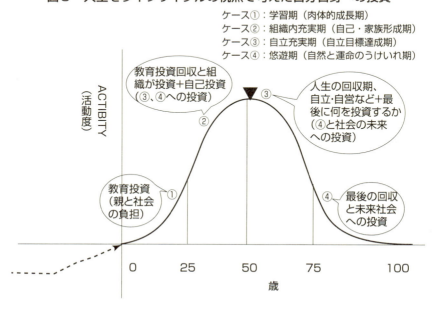

図5　人生をライフサイクルの視点で考えた自分自身への投資

くとも回収には5〜10年以上のスパンを考えることが大事です。実際にみなさんのご両親は、みなさんに根気よく投資してくれたわけです（大学を出た人には22〜24歳くらいまでの投資！）。では、そのあと**自分自身への投資を行なっているでしょうか？** これがポイントです。

企業等の生きた組織体では、恐ろしいことに投資をやめたときがその組織が終わりになるときです。したがって、個人を事業体と考えた場合、自己投資は継続的に行なわなければならないことになります。

投資の効果を長続きさせるには、できるだけ早くから多くの投資をしたほうがよいのですが、その効果をみないと投資はできないというパラドックスが生じます。これがロードマップをつくり、仮説検証をおこなっていく、もうひとつの理由です。

## ▶自分自身への投資の見直しと設計

投資するときには、投資時期、回収時期という時間軸的な観点も大切です。人間という事業体には寿命があるわけですから、90代以降での展開を考えるのなら、投資は80代でもOKですが、回収が主要な目的ならば、80代の投資では少々遅いかもしれません。

また、もし30代、40代で自己投資をやめるとすると、50代以降の新たな展開と回収がひじょうに難しくなります。投資効果についていうと、20代の投資（大学での学び）がその後30年間（会社の定年まで）役立った時代がありました。しかしそれは人生が50〜60年だったひと世代前、終身雇用の時代のお話です。そのときは技術・知識などの陳腐化のスピードがゆっくりだった時代だったのです。

それでは、自分に対する投資については、具体的にどんなことになるでしょうか？ このことを「自分ロードマップ」における**投資戦略として、世代別に考える**ことは大変有意義です。

当然ながら、企業などが行なう新規事業のロードマップには、必ず投資内容と時期、成果の想定がはいっています。それがロードマップの信ぴょう性と発展性を明示しているのです。

自分自身の人生のロードマップにも同じことがいえます。

## 図6 世代別自己投資のイメージ構想表

| 世代 | 投資内容の記入例：専門家で自立する場合、なにをするか | 期待価値の記入例：いつごろを目標にするか、成果など | 自身で投資内容と期待価値を記入してください |
|---|---|---|---|
| 20代 | ひとつの専門を極める | 組織への就職 | |
| 30代 | 2つ目の専門を極める（準備をする）：ダブルメジャー化 | 組織内での自分の立場の確立と自立準備 | |
| 40代 | 組織内でのスペシャリストから組織外で通じるプロフェッショナルへの修業 | まずは社内（外）での第一人者となる。組織の中ではできる限りリスクテーキングし、自分で実行する | |
| 50代 | 自分のためになる仕事（講演、執筆、インタビュー、お試し依頼など）は断らない。できるかぎりの発信と貢献 | 社外でも第一人者になる。最初は範囲は狭く、ニッチでもよいから、「●●分野は自分」というポジションを確立する | |
| 60代 | 自分の得意なところを、掘り下げて拡げる（余裕があればさらに仕事と関係のない分野にも）。 | いくつかの分野、広い分野での名実ともに第一人者となる（仕事以外でもプロとなる）。 | |
| 70代 | 自分の好きな、得意な分野を極めていくことに投資を集中 | 幅広く、世の中に役立つ（皆に好かれる）プロフェッショナルとなる | |

まずは、20代、30代、40代さらに50代、60代で、**自分に何に投資するか（したか）、考えてみましょう。**

図6には、世代別の自己投資内容（するべきこと）、期待価値や成果（いつごろ）などの構想表（イメージフォーマット）を示しています。書けるところだけでも記入してみることが大切です。これを考えることが、ロードマップ作成作業そのものといえるでしょう。

### ▶組織を離れる（会社を「卒業」する）タイミングとは

個人の能力は入社したときを起点に、会社の中で仕事をしていくに従って、増大していきます。一方、企業側がその仕事を受け容れる容量は必ずしも増大するものではありません。特に能力の向上が著しい技術者の場合、その自由度は減ってくる場合が多いと推定できます。

図7はこの様子を示したものです。自分の能力の拡大と会社の（キャパシティ）限界線の交差する時期は、人によってさまざまですが、一般的には中間管理職になるあたりかと予想されます。それを乗り越えて、会社の中で新しい付加価値（例えばマネジメントなど）を見つけたとしても、いずれ限界（定年）がきます。その時、定年後の残りの人生を本番と思うか、余生と

**図7 会社（組織）のキャパと個人の能力**

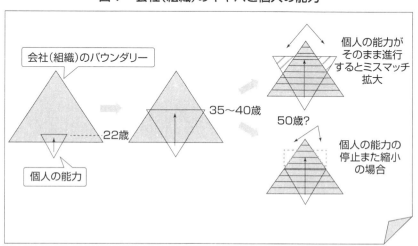

思うかで、生き方が変わってきます。

　専門家に近いサラリーマンとして技術者を例にしますと、これまで企業内の技術者の生きる道は、管理職となってジェネラリストとなるか、専門職となるという二通りだと考えられてきました。しかし、どちらもいずれは組織を「卒業」しなければなりません。定年後の残りの人生を本番と思うなら、**第三の道として社内でイノベーションを起こす（新しい価値をつくり出すことを練習する）** という選択肢があるのです。これは事務、技術系を問わず、共通して新しい可能性を広げる第三の道なのです。会社（組織）のキャパを一定とすると、どこかで個人の能力とクロスする点がくる、**そこが組織からの卒業の地点**ともいえます。

　個人の寿命が80歳を超える今、定年後を本番の生き方とすれば、会社人生はひとつのステップです。「卒業」する前のステップ、本当の自立・自律のためのひとつの手段となります。

## 【コラム】
## 専門の獲得からの横への展開と自己投資

　大学で一つの専門を修めた人には、深く掘ることも大切ですが、まずは横に掘ることを勧めています。複雑化した、ビジネスなどの世界では、横への展開は迅速でフレキシブルな対応という点で大変重要です。もちろんやりたいことが明確で、「自分ロードマップ」上にそういうビジョンがあれば、深堀してもいいのです。

　図8は個人のキャパをアップする方法をイメージしたものです。

### 図8　個人のキャパアップの方法例

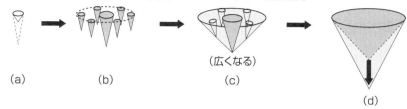

(a)　(b)　(c)　(d)

（a）まずは自分の能力を向上（深化）させるため、深く掘る必要があります。しかし、それだけでは現実には時間がかかり、だんだん限界がきます。
（b）そこで少々視点を変えて、周囲を少しずつ掘っていくことにします。
（c）あるとき、横同士がつながり、いっきに穴の大きさ（面積）がひろがります。
（d）堀口が広がることで、その深さも比較的容易にさらに深くすることができます。

　このような複眼的視点が、仕事をちゃんとやるということにつながってきます。それが顧客の価値、さらに自分の付加価値になってくるのです。このために必要なのが、自分の未来への投資です。

# 1-3
# 50歳までの前半25年は、組織内での助走期

　ここでは組織内での生き方について、検討していきましょう。多くの人は、大学などの学校を卒業して、20歳前後から25歳あたりで、就職します。すなわち、組織内へ入ります。この時期を人生全体からみると、**図9**の位置づけになります。まさに人生の絶頂期へ助走する時期ともいえます。

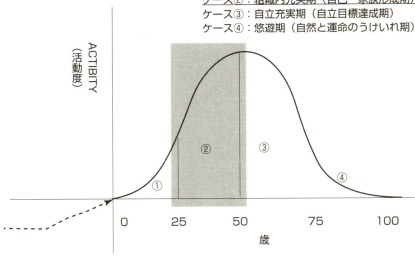

図9　人生サイクルにおける50歳までの前半25年

ケース①：学習期（肉体的成長期）
ケース②：組織内充実期（自己・家族形成期）
ケース③：自立充実期（自立目標達成期）
ケース④：悠遊期（自然と運命のうけいれ期）

## ▶組織を「卒業」するという心構え

　将来の組織からの「卒業」と自立を睨んで活動をするということは、**次へのステップ＝準備**ということになります。それを考えると、働く心構えも変わっていきます。
　とはいえ、現実に組織の中にいると、そう簡単に組織の中での活動が、自

立のための活動にきりかわるものでもありません。独立や起業は簡単にできるものではありませんし、安易にお勧めするものでもありません。しかし、何度も述べてきたように、将来の現実的な選択肢として自立を真剣に考えるべき時代になったということです。実際に50歳近くになると、会社や組織の将来が見えなくなるとか、何かの理由でどうしてもその組織にとどまっていられなくなる、といったことがよく起こります。そこでいくつかの仮説を想定してみるといいかもしれません。

いきなり組織から完全に離れるというのではなくて、いわゆる転職をして、これまでと異なった組織に属しなおす、という選択肢もあります。しかし確実なのは、どちらにしても（社長になっても）、組織からはいつかは「卒業」しなくてはならないということです。

### ▶「第三の道」のための準備

先に、かつては組織の中、とくに大企業で生きていく道としては、管理職となってジェネラリストとなるか、専門職としてスペシャリストとなるかという二通りの選択肢しかなかった、と述べました。しかし、すでに述べたようにイノベーションを起こすという「第三の道」を考える時代なのです。理系や文系、言葉を換えると、技術系と事務系などの分類を超えた発想で、組織からの「卒業」をベースに自立して生きるという第三の選択肢をお勧めしたいと思います。

これは**定年のある組織人が、75歳まで働くための有力な出口戦略**です。そのためには、どのような専門家の場合でも、「卒業」を前提として、組織にいる段階での準備が必要です。

たとえば、企業の中で全く新しい商品を作る、すなわち、新規事業を起こすことに積極的に携わるのも、その準備の一環になります。これは**組織内で「イノベーター」とか「起業家」として生きる**ということです。事業の企画・立案に始まって、人・もの（技術）・金・情報の把握という、それまでの分担型の組織体の中では、関与しなくても生きていけた刺激的な一面に触れることでもあります。

社内であれ社外であれ「イノベーター」として生きるということは必然的

に、社会の価値を考えること、自分（たちの組織）の強みと弱みを常に追いかけることが必須になっていきます。

　組織の内部にいれば、こういったことの必要性は少ないのですが、組織を「卒業」して自分で何かを行なう場合には必須の要素です。これは理系、文系に関係はありません。自覚的に行なう必要があります。

　また、組織外の人たちと交流を続けることも準備のひとつになります。

### ▶組織を利用した「卒業」準備を考える

　かつては、組織内にいる人にとって、いきなりの自立や独立には、多くの困難が存在しました。まだ幼い家族がいたり、資金の蓄積が不十分だったりするという現実的な問題もあったでしょうが、モデルとなる前例も多くなく、そう簡単に組織を離脱することはできない空気がありました。

　そういう空気はなくなりつつあるとはいえ、夢としては早く組織から「卒業」したいが、現実は……ということで、「卒業」するロードマップがなかなか描ききれない場合も多いと思います。

　そこをつなぐのが、以下に示すように、組織のなかでいろいろな業務をこなしながら着実に助走するパターンです。

　先にもすこし述べましたが、常に新しいことを率先提案し、それを実施することをイノベーションといいます。試行錯誤の経験をできるだけ多く積むことです。**組織内での体験を、学校あるいはビジネススクールでの演習と考え**、その積み重ねを自分のものとしましょう。これが最も効率的で効果の大きい組織からの卒業準備となります。

　組織に所属していることには数々のメリットがありますが、デメリットも生じてきます。組織の一員として、組織のよさを活かし、組織のよくないところを排除するシステムやマネジメントが勉強できる場、と考えればいいのです。

　このマネジメント方法は、「卒業」＝自立・自律のための意識改革そのものなのです。これがうまくいけば、「起業家精神」の発揮につながります。会社の仕組みをうまく使いながら、会社にも自分にもメリットがあるようになっていくのです。

多くのサラリーマンのスキルとして、経営的なことやマネジメントなどは考えなくてもよい時代が長く続きました。これからは「未来」を自分自身が考えて、つくってマネジメントしていく時代に突入しています。面白い時代だともいえますが、そのポイントとして、自分自身のあるべき姿がわかるロードマップを描く覚悟が必要です。

　このロードマップを描く作業では、組織からの「卒業」は通過点として位置づけられます。

### ▶ベンチャー的組織からのヒント

　それでは、組織人としていわゆる「塩漬け」「ゆでがえる」になる前に、どうしたら自立を早めることができるのでしょうか。そのためには、何らかの形で自分の価値を明確にし、組織内で自立の練習を始めることです。

　さきにも述べたように、社内起業、たとえばコーポレートベンチャーなどは未来を描いてやる気になればできます。イノベーションを起こし、サラリーマンの夢を実現するためには、**組織にいるうちに、ひとつ新規事業を立ち上げることです**。

　**社内外のベンチャーにチャレンジする**というのも、ひとつの方法です。組織内ベンチャーの最大のメリットは、ズバリ言って未来づくりの実習ができることです。ただし、基本的に優秀な人材が多くても、スピードや専門性を求められる新規分野ではミスマッチを生じるケースも多くなります。

　このように、マクロに人生を俯瞰すると、組織にいることのメリットはほとんどリスクなしで大きなチャレンジ（事業化）に挑戦できることかもしれません。「自分ロードマップ」を作成すると、そうしたことが明確になっていきます。

### ▶イノベーション時代における組織の限界

　そもそも組織というものがなぜ生まれたのか、ということを考えてみると、なんらかの目標を達成するため、と考えるのが最も妥当でしょう。組織は目標実現のための手段です。しかし、その手段である組織が巨大になってくると、目標を実現することよりも、組織自体を維持することが目的になっ

てしまうことが往々にしてあります。

　そして組織の内部では、組織維持を最優先する体制が確立されていきます。既得権益が生じているので、その恩恵にあずかって動いている人たちは、意識するかしないかは別にして、組織維持を最優先する方向ですべてを判断していきます。組織の内部にいる人たちの多くも、組織の中にいることを目的化したりします。

　これに対して、イノベーションは、従来にない新しい価値を提供するものです。このため、既存組織の中でこれを実現するのは難しい。なぜなら新しいことをやると組織が壊れるのがイノベーションだからです。

　ではイノベーションが求められるこれからの時代、組織はどうなっていくのでしょうか。安定と破壊ということを考えてみると、その2つをミックスしたかたちでの組織運営は難しいので、将来の組織は二極化することになります。

　しっかりとした過去を積み重ね、データ事例を重視し、管理が行き届いた巨大な組織が一方に存在します。このような組織にはイノベーションは全く期待されません。もう一方には、イノベーションを起こすための組織があります。これは前例を踏襲せず、ベンチャー的組織で、中間管理職は不要ということになります。

　こうした組織の枠組みのなかで特徴的なのは、ベンチャー的な組織体制です。その特徴は、恒久的なものではない、柔軟さにあります。業務としてルーチン的な仕事も多くありますが、わざわざ恒常的に人をかかえ込まなくてもいい仕事も多数発生します。

　そしてその先にあるものはフリーな専門家の活躍の場、大企業などの組織との補完関係ということになります。

## ▶いつごろ卒業？　自立するタイミングの一考察

　50歳を「卒業」のターゲットにするという意味を、改めて考えてみましょう。個人の一生を考えると、どの段階で人生の「後半戦」をスタートさせるのかを考えることは重要です。何度か述べてきましたが、働ける時間を25歳から75歳までと仮定すると、その真ん中は50歳前後になります。この年

頃は、多くの人にとっては子育てなどの目処もたってきて、組織のなかでのポジションも決まってくるころです。そのまま組織内にいるか、ここで「後半戦」の75歳までを再設計するか、まさに人生のロードマップを策定する大きなポイントになろうかと思います。

組織内でのそのような新しい試みは、会社内の仕組みを充分認識したのち、会社の経営層への説得や同僚層などの信頼形成などのマネジメントが必要となります。たとえば、仮説を作って顧客価値をみつけることなどです。

それを企業内で行なうことは、「卒業」へのひとつのステップ＝練習になります。そのトライアル（トライアンドエラー）は、個人にとっては本質的なリスクはほとんどなく、絶好のチャンスともいえることで、苦痛にはなりません。

いずれにしても、キャリアアップするための組織の中での「練習」には、少なくとも5～10年程度は費やす必要があるでしょう。同じ組織の中で何回かトライアルを繰り返すのでも、別の組織に移ってトライアルするのでも同じです。違う組織に目的を持って転籍した人は、その組織に染まる前にやりたいことを実行するのが望ましいといえます。

筆者はコラムでも述べたように、企業内で新事業による社内起業（社内外ベンチャーなども）を30代、40代で経験し、結果的に52歳で「卒業」しました。

組織からの「卒業」のタイミングは、個人の一生を考えると**50歳前後が適齢期**になるといえます。

### ▶多くの人の「卒業」は経営側からも望ましいこと

組織を経営する側からみても、組織に必要なのは若くて馬力のある人たちで、30代が中心、40代まででしょう。多くの人たちが50歳頃に組織を離れてくれるのは、大歓迎のはずです。一部の例外は、経営者として残る人と各種の専門職としてのプロフェッショナルです。このような人には常勤でいてもらうよりは、必要なときに必要な時間だけ来てもらうのが、会社にとって一番効率がよい仕組みとなります。

もちろん、人間には個人差があります。組織を「卒業」して自立するのに

適齢はなく、「自分で始める」というエネルギーが高まったところがスタート時点です。各自の「卒業」時期は固有の経験と能力をもとにしているのですから、いろいろなパターンがあってしかるべきだと思いますが、50歳というのはひとつのガイドラインとして参考になればと思います。

## 1-4 後半の75歳までの25年は自己実現による収穫期

夢と可能性を重視して働けば、楽観的に仕事を進めることができます。組織からの卒業は「できない理由」を探すのではなく、**「できる理由」を探すことで新しい道が拓けてきます。それがロードマップ作成**なのです。

不確定なものに挑戦して、自立・自律する経験を持つことが大切です。ぜひ、「できる理由」にチャレンジしてみてください。世の中で大切なことのひとつは、不良資産を作らないことです。言葉を換えると、おもしろくないことを中途半端にやらないことです。また、きちんと資産の棚卸をしなさいということです。そうしないとすぐ不良資産がたまってしまいます。

個人を一つの事業体と考えると、**大切なことは「強み」の発見**です。これは自分のキャリアの棚卸から始まります。そして、「自分ロードマップ」の

図10　人生サイクルの視点でみた後半75歳までの25年

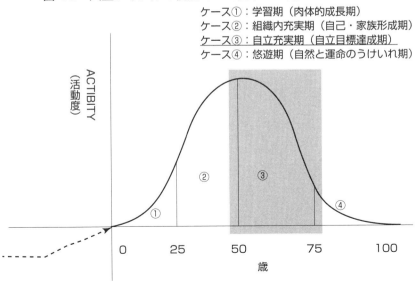

ケース①：学習期（肉体的成長期）
ケース②：組織内充実期（自己・家族形成期）
ケース③：自立充実期（自立目標達成期）
ケース④：悠遊期（自然と運命のうけいれ期）

作成、マイルストンとアクションプランの作成につなげていきましょう。

　50〜75歳では組織からの「卒業後」が本番です。可能性の大きいやりがいのある愉しくワクワクする生き方を考えていきましょう。図10は人生サイクルの視点で、まさにこの部分を示しています。

## ▶再雇用を選ばない卒業の仕方

　組織から「卒業」した後、再雇用ではなくて、自立していくための考え方を整理してみましょう。いくぶん極端な例になりますが、ベンチャー企業の起業と運営の話を少ししてみます。

　一般に独立ベンチャー企業の成功というと、ハイリスク・ハイリターンを狙った＝ＩＰＯ（株式の市場公開）というパターンを思い浮かべる人も多いと思います。しかし、実はその他のやり方でベンチャー企業を成功させるパターンも数多く存在するのです。それは、**既存の組織（例えば大企業）とうまく連携する**というパターンです。

　ベンチャー企業の存在価値は、小さくないとできないことをやることです。だから大企業と連携ができるのです。大きな企業体や組織体は、新しい開発業務のような不確定性の高い業務に対応して小回りをきかせるのは苦手です。このような業務では、自分でリスクをとることのできる小さな組織体に、大きなビジネスチャンスがあるということです。ベンチャー企業はそのような業務に対応し、大きい組織内部の課題と解決策を提供していきます。

　大きな組織にいるときから、そのような問題意識をもち、問題解決のためのポイントをつかんでおくと、「卒業」したあとに役立ちます。すなわち「卒業」する前に、既存組織の問題点をつかんでおくことは、大きな存在価値＝市場価値＝ビジネスチャンスになるのです。

　このことを理解して、組織の中でいかに助走するかはそれぞれの個人が決めます。自分自身をひとつのマイクロ／ナノ・ベンチャー企業と考えると、いろいろなヒントが得られます。

## ▶自分の市場での価値

　組織の中できちんと仕事をこなしてきた人は、マーケットからみた場合

も、必ず価値があるはずです。なぜなら、その人の仕事が最終的に「顧客の価値」となり、企業の収入につながっていたからです。

ただし、組織内にいる人が、組織を出てその価値を発揮するには、二つの関門があります。一つは、会社の組織は縦割り組織になっており、どういう仕事が価値になっているのか直接は見えないからです。組織「卒業」のためには、それをある程度特定する必要があります。

もう一つは顧客へのアプローチの方法です。だれかがやってくれるのではなく、自分でマーケットへ直接アプローチしなければなりません。その方法がみえない状態はリスクが高いということになりますが、これがうまくいけば、収入も上がります。すなわち、それまで組織に納めてきた間接的な「上納金」がなくなり、もっと稼げることになります。

この二つの関門を突破する手始めは、元勤務していた組織での自分の価値を、顧客側からみて判断することです。マーケットの視点、つまりお客さんの側からの見方で、自分の価値を判断するのです。これを日常的にできるようにしておけば、組織から離れても収入を得ることができます。この仕組みは、既存の仕事の受け皿となる場合に大切です。

自立してまったく新しいマーケットを狙う場合には、企業の新規事業展開でのやり方が参考になります。マーケット的にいえば、「萌芽マーケットステージ」でのニッチ狙い、「初期マーケットステージ」でのニッチではあるが少しは市場が見えている段階、これらを狙うと、規模は小さくても競争が少ないので、価値を得る＝稼げる可能性が高くなります。

一方、売り物を新しく開発するタイプのビジネス展開では、顧客がすでに明確になっていることが望ましいといえます。

## ▶自立・独立の具体的なイメージ

再雇用でなく、自立・独立するというのは、どのようなイメージになるでしょうか。これまでも、組織の中でつかんだ何か、あるいはその経験をベースにして新しい道を探すことをお勧めしてきました。その観点では、**「自分の強み」「自分の愉しみ」を発揮できる事業を起こすのが最良**です。

最初はニッチといえるような専門性を持ち、顧客は複数にまたがる業態が

狙い目かもしれません。例えば**自営の技術コンサルティング会社**、専門分野で複数の会社をつなぐ**コーディネート的な商社**、特殊な部品や製品を開発する**開発設計会社**、さまざまな情報を集めて、目的に合わせて中身を加工する**調査・リサーチ会社**などです。これらには、会社や組織内で培った専門性を異なった企業や組織で展開する、すなわち共通の内容で複数の顧客を得る可能性があります。

　手始めにお勧めするのは、組織で培ったノウハウを貴重な体験と思ってくれる人や組織を、顧客にすることをまず考えるのがよいと思います。つまり、**かつて属していた周囲の企業・業界を手始めの顧客対象とすることが早道**です。

　そこでちゃんと活躍していたなら、なんらかの声がかからないわけがありません。仮に後継者をきちんと育ててしまったため出る幕がないとしても、育成のアドバイザーとして声ぐらいはかかるかもしれません。いくつかの会社を掛け持ちすれば、その専門性はひとつの組織だけで通用するスペシャリストではなく、汎用的なプロフェッショナルとしての価値をもって再生産されてきます。

　**次のターゲットは、同業者ではない異分野**です。ある業界での最先端のスキルを手にしたならば、そういう人や組織は異分野の会社にとって大変な宝の山のように見えるでしょう。考え方や切り口が違う方法論や発想で仕組みをつくると、それまでの事業分野ではそれほど変わったものではなくても、**異分野では新しいビジネスモデル**になったりします。

### ▶時間レートと年収の考え方

　ここで、企業における従業員の時間レートを考えてみましょう。自立してファイナンシャル（収入）プランを立てる場合の目安としてほしいところです。

　一般的に仕事は、作業時間が基本となります。作業単価を時間レート（1時間あたりのコスト、顧客からもらえる費用）として、それが単純に給料に換算できるとすると、「年収」は次のようになります。

時間 650 円（最低賃金法）× 8 時間× 20 日× 12 カ月＝ 1 年 124 万 8000 円
時間 1,000 円＝ 1 年 192 万円
時間 3,000 円＝ 1 年 576 万円
時間 5,000 円＝ 1 年 960 万円
時間 1 万円＝ 1 年 1,920 万円
時間 2 万円＝ 1 年 3,840 万円
時間 3 万円＝ 1 年 5,760 万円
時間 5 万円＝ 1 年 9,600 万円

もちろん実際の企業のコスト計算はもっと複雑ですが、大手製造業の時間レートの例は、おおよそ以下のとおりとなります。

・工場作業（いわゆるブルーカラー）：1 時間 4,000 〜 6,000 円
・管理事務・一般設計作業（いわゆるホワイトカラー）：1 時間 8,000 〜 1 万 2,000 円
・開発作業（いわゆる専門職など）：1 時間 1 万 2,000 〜 2 万 5,000 円

これらは机上の計算ですが、これをそのまま給料に反映することができたら、工場労働者一般（だれでも、齢などに関係なく）の年収は、残業なしでおおよそ 1,000 万円、ホワイトカラーの人々は 2,000 万円、専門職系は 3,000 〜 4,000 万円となります。

ただし日本の大手製造業での実感として、実際にもらえる給料は、× 0.3（専門家、開発技術者）、× 0.4（設計技術者、経理等の専門職）、× 0.5（工場技術者）といった分配率でしょうか。

組織を「卒業」したら、狙うところは単価が高い専門職系からになります。「卒業」すると**分配率が× 1.0** になりますから、仕事量が半分しかなくても、稼ぎは組織内にいるときのものを上回ることになるでしょう。

### ▶フリーで自立する人へのアドバイス──時間給の限界と対策

以下は、もっと大きく稼ごうとする人への追加です。知識・知恵の提供業

としてフリーの専門家となって自立する場合、重要な問題が生じます。それは時間レートでやっていたら、1年は365日なので、もらえる給料は限られるということです。それをブレークする考え方について、触れておきましょう。

限られた時間をすこしでも効率よくうまく使いたい、自由時間ももっと欲しいという人のための対策でもあり、いわば自立の中・上級編です。

### 1　長時間労働をいとわない

1日は24時間あります。つまり8時間の3倍！　土日も入れれば、定常の週40時間の倍、80時間働くことができます。そうなると仕事さえあれば年収は2倍となる計算です（これはあまりおすすめしません）。

### 2　間接費を極小化する

分配率の向上により、実収入のキープを目指すわけですから、間接費は極力削減します。しかし、自立すると付加価値の低い仕事が発生するのは事実（例：伝票作成、書式整理、単純ルーチン作業など）。秘書業、手配業などはIT化で、ほとんど自前でできるようになってきています。「ぶら下がり者」を排除するのは当然として、無駄な管理仕事を減少させましょう。

本人が登場する時間は最小にして、大切なところだけ出ることを心がけましょう。あとはだれかに任せるのです。営業経費の削減の究極は、お客様に仕事を持ってきていただくことです。

### 3　資料作成時間の極小化

過去の各種データの保管法を工夫し、引出システムの効率化を図ります。共通データのストック、使い回しなどが有効で、これは大手コンサル会社の手法とも共通します。

### 4　成果を複数に展開する

さまざまな成果を、切り口を変えて複数顧客へ提供します。マルチクライアント（業務のブラックボックス化）を得ます。そのためには成果を整理・体系化しておくことが必要です。

ダブルメジャー化、トリプルメジャー化で、切り口を変えるという手法もあります（同じデータでも視点を変え価値変化を提供する）。

### 5　時間でなく資料で勝負する

働く時間でなく物品や情報で稼ぐ方法として、本の出版、DVDの販売などの印税収入を目指します。

このほかは、自立した専門家というよりも、会社経営の視点になります。他人を働かせ、機械を働かせるということですが、それは本書の主旨からはずれますので、ここでは述べません。

## (1) 50〜60歳は油の乗った活動期間——自己実現するために

　50〜75歳をさらに2つに分け、(1) 50歳から60歳を「実現期」、(2) 61歳から75歳を「収穫期」と位置づけてみると、何が起こるか考えてみましょう。

　最初は卒業後の「実現期」です。再雇用でなく自立して生きるこの期間は、自己実現の時期でもあります。50歳までの「助走」や「投資」した内容が生きてきます。特にこの10年間で行なうべきことを、ロードマップ的な視点で挙げてみます。

### ▶生活の基盤を安定・充実させ自立を実現する

　まずはどのような形であれ経済的に自立する、つまり収入を得ていくことが大切です。そのためにもろもろの準備が必要なのはこれまで述べてきました。自立後も、最初の半年は仕事なし、もっといえば最悪1年間は仕事がない、ボランティア仕事だけだ、というケースも覚悟してください。いわゆる種まき、マーケティング段階と考えたほうがいいかと思います。

　しかし覚悟だけだと心配なので、卒業前後に関係する会社とか知り合いの会社など複数社から嘱託的な身分でもかまわないので（給料は安くてよいので）、安定的な契約をゲットしておかれることを勧めます。

　逆に言うと、何らかの社会的価値がある人は、そういう話が卒業前から一つや二つあってもおかしくないのです。「うちに来ないか」という声がかかっている人は、もちろんその会社に入って再雇用されてもかまいませんが、そこでもまた定年があるはずです。パート的に必要だと思えたら、個別の契約をゲットしましょう。

　そのためには、**とりあえずは個人事業主になってしまう**、または**自分で会社を立ち上げたうえで、そういう会社をお手伝いする**、というスタンスがいいでしょう。そこで基本的な食い扶持を稼ぐことをお勧めします。組織にいるときにはあまり考えていなかった収入に対する問題意識を明確にする、ま

た、アンテナをブラッシュアップするという効果があります。

## ▶自立期を楽しむために発信する

つぎに、発信についてです。自立して個人事業主になる場合も、会社を立ち上げる場合でも、共通して大切なのは、何でも引き受け自分でやってみることです。会社設立などの法律的手続きはもちろん経理も自分でやります。講演依頼などがあれば、仮に無料でもマーケティングとして引き受けます。有料セミナーなら一石二鳥、何でもやるということにつきます。

自分で何でも行なうということは、専門外（できないかもしれない）と思うことも、頼まれたら、その頼まれた理由をよく考えてやってみることです。依頼があるということは、実はすごいことで、営業活動時間と費用が0（ゼロ）となることを意味します。

発信としては、最近ではSNSやブログ、既存の通信手段を利用した発信なども挙げられます。また書籍になると、その1冊は国会図書館に収納されますので、ある意味では万全です。

**これらの発信は、60歳から75歳までの安定したネットワーク作りと収入の確保に役立つ伏線です。**

## ▶より将来の安定を図るには

この段階で、仕事を確実かつ定常的に獲得するためには、少し工夫もいります。よくある手は現在の仕事をいくつかに分割しながら、**仕事の波を平準化することです**。たとえばコンサルティングだけだと、季節的また仕事の繁閑が生じます。この平準化のためには、企業以外の公的機関の仕事をキープしたり学校の講師などを引きうけたりして、社会貢献活動もメニューにいれることです。また、空いた時間に個人でないとできない仕事（執筆や研究活動）も行ないます。

仕事の自分本位の重点化よりも、ニーズに応えたフレキシブルな仕事をしていきましょう。お客の利益になることと中期的視点を第一に考え、全力で対応することで、結果的に視野が拡がり、ロードマップ上の未来の仕事（候補）も充実していきます。

## (2) 60〜75歳までの第二段階、「収穫期」としての生き方

　自立して10年もたつと、いろいろな面で安定してきます。この期には、75歳までの収穫期に何をもって社会に貢献するか、収入をどのくらい継続して得ていくかなど、少し先のことをロードマップの視点で考えます。もちろん75歳以降の準備のために何を投資するか、何を目標とするかなども大きなポイントとなります。

　たとえば、新たなる社会価値を生む仕組みとして、NPOや新会社を設立したり、そこに参加する手もあります。社会価値の探索としては、若手人材の支援、中小企業の支援、定年前後の人のためのキャリアアップ支援などがあります。

　この段階で、比較的安定的な収入が得られた場合は、時間をうまく利用してさらなる将来への投資も視野に入れます。現在の仕事をキープしながら、自分の趣味、社会貢献活動へすこしずつシフトする（時間を3分割していく）という選択もあります。

　こうしたことがうまくいけば、図11のように60歳〜75歳の時期が人生

**図11　自分の価値を上げながら60〜75歳に成功するイメージ**

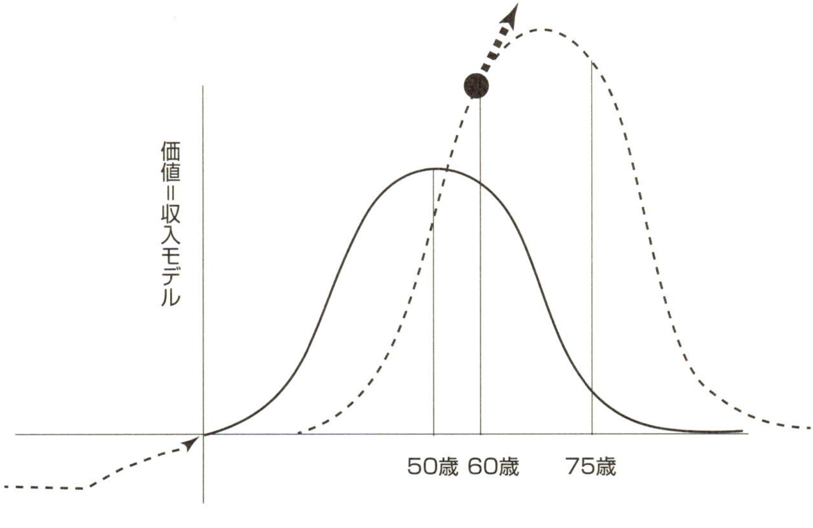

最大の収穫期となることも期待されます。

## ▶60歳からの実践——筆者の場合の投資とは？

筆者の場合、60歳から始めた自分への投資の項目を並べると、以下のようになります。業務とある程度関係があるものが半分、直接関係ないものが半分といったところです。65歳の現在では両者ともまだ途上で、結論は得られていませんが、いろいろな世代のお客様とお話しするときは、このような前向きなものは話題となり、話がはずみます。

(A) 業務と関わりがある投資事例
●新しい会社、NPOの設立：新たな創業の継続とすでに設立した会社10社ほどのさらなる展開、整理、リサイクルなど、成果のまとめ、マネジメントの試行錯誤。
●組織内技術者のキャリアアップ支援：自立、生涯現役などを目指す本気の技術者支援。これらに関する実践の各種ブレークダウン、ロードマップ作りなどの協力、相談の実施。
●中小企業支援：各自治体や銀行などの要請をうけて、やる気のある中小企業を支援するセミナーや個別企業訪問・相談。

(B) 業務と関わりがない投資事例
●社会価値探索による趣味と実益の一致：調査と発信活動（博物館、古代技術、地域の歴史など）の継続、これらの取材と探索、出版活動などへの再投資。
●検定、資格などへの挑戦・取得：75歳から愉しむための基礎固めとして、資格をとることで趣味の中身が整理されて見えてくるものに挑戦する。65歳までに取得できた、取得中の資格は下記のとおりです。
　・日本酒利酒師
　・温泉ソムリエ
　・花火鑑賞士
　・ビールソムリエ

・世界遺産検定
・神社検定

　これがどのように役立っていくか、現状では不明ですが、このような活動のなかで新しい友人や地縁の輪が拡がっていくのは確実です。今後も挑戦すべきものを探索中ですが、将来のビジョンを描くと、なかなか楽しいロードマップづくりとなっています。

## 1-5 100歳まで愉しみ、人生を総括する

　周囲を見回してみると、75歳を越えて現役の人は多数います。彼、彼女らは何をもって生きがいと考えているのでしょうか？　仕事、趣味、家族、社会貢献、異なった何かへの挑戦かもしれません。70代後半で自立して活躍している人々も、それまでの仕事は継続しておられるのですが、その分量は60代と比べて減っているようです。空いた分だけ個人ベースの社会貢献としての企業経営へのアドバイス、趣味の深化と発信、若手育成、地域・ふるさと貢献などを実践されている人は多いようです。

　一般的には80代は継続的な投資というよりは、投資終了期として、それまでできなかったことの回収期となるでしょう。**投資なくしては生きたロードマップの展開や次の回収はあり得ません。**これを自分でよく考えることが大切です。

　80歳以上の自分設計を、具体的にイメージしてみましょう。

#### 例1（ビジネス、活躍継続モデル）

　さらに新たな顧客・社会価値をゲットして働きます。他人や他組織の役に立つことで新たな気づきがあります。自己充実期のなかで新たな高収益再生産ができれば、さらによいモデルとなるでしょう。

#### 例2（ビジネス＋自然体維持モデル）

　これまでの役割を基本的に継続しながら、体力や器量に合わせて再生産できる範囲で継続するモデル。自己充実期のなかで、経済的自立と趣味の深化・体系化によって、さらなる奥深い楽しみをゲットしています。「悠遊期」の内容充実です。

#### 例3（ビジネスをやめて生活ゆったりモデル）

　これまでの趣味、仕事以外で「ワクワク」したことの深化・体系化による、さらなる奥深い楽しみや「ワクワク」へ転換するモデルとなります。

**図12**は、50〜75歳まで働くモデルに、75歳以降の自分の愉しみというピークを新たに付け加えた基本イメージです。75歳からあとの新しいピークの具体的な内容は、生涯現役、生涯社会貢献の理想的なモデルとなるでしょう。もちろん、健康や家族などの外部要因に恵まれる必要もあります。

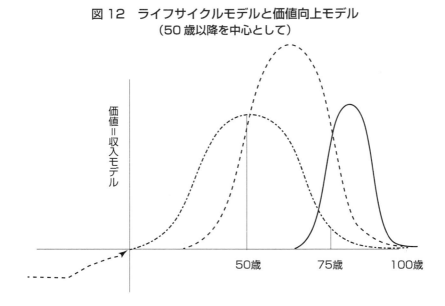

図12　ライフサイクルモデルと価値向上モデル
（50歳以降を中心として）

## 【ケーススタディ】組織からの「卒業」モデル、75歳でバリバリの現役H氏

　筆者の周囲には、本書で「あるべき姿」のモデルになっていただいた70歳から80歳の先輩が沢山存在しています。本書のプロローグ、エピローグの主人公B氏は、平準化されたモデルなので、実はモデル以上の活躍をされている方ばかり、といっても言い過ぎではありません。

　このコラムでは、組織からの「卒業」について考えてみたいと思い、あえてその中のお一人を、ご紹介したいと思います。

　それは筆者の仕事の師匠とも呼ぶH氏で、現在75歳。まさに本書の概念的なモデルとしてぴったりの方です。彼は大学を卒業後（工学部）、日本を代表する総合電気メーカーの研究所に入って、研究開発を続けてきました。現役時代は、後世にのこるいろいろな成果を出していたのですが、高度成長期における企業の一律的な動き——半導体開発のみの分業体制と組織のあり方——に疑問を持ち、自立することを選びました。

　氏が40歳のときのことでした。当時の日本では、まさに先駆的な組織からの「卒業」です。しかし氏としても、最初から自立を想定していたわけではなかったようです。組織に疑問を感じてからの数年間は、準備をしたそうですが、とても充分なことはできませんでした。組織を「卒業」（自立）すると、まずは自分でコンサル系の会社を立ち上げるのですが、組織内にいたときからの「準備」作業は継続していたそうです。

　それが数年後には大きな展開を遂げます。氏が50歳のときには顧客ニーズに対応して、次々に複数の会社を立ち上げていくことになったのです。まさに起業のプロとして現在まで活躍しておられます。

　筆者が55歳のH氏に出会ったとき、氏はコンサルに企業経営にと大忙しの毎日でした。筆者は40歳、新規事業についてのコンサルを受けました。以来おつき合いが続いていくのですが、筆者が「卒業」を考えていたときにも、氏から「会社をおやめなさい」というアドバイスを頂戴したことはありませんでした。

氏のアドバイスは、組織の中でいかに組織をうまく活用しながら自分を磨き、組織から離れても生きていくにはどうしたらいいかを考えなさい、ということでした。ひとことでいうと、「お客にとって価値があることをしなさい、出し惜しみをしないで誠心誠意努めなさい」ということです。そして、組織の中でそのための準備、意識改革、試行錯誤をすることで、活路は開けるということでした。
　そのコンサルをいただいたあとは、組織の中でも、お客さんへの対応が不思議とうまくいくようになりました。また、実際に組織を「卒業」して、自立してみると、さらに骨身に染み入る言葉の数々でした。
　このＨ氏の仕事ぶりは、氏の70歳の時の著書『これが〝零細ベンチャー〟の生きる道――起業の愉しみ』（彩流社刊）に詳しく書いてありますので、そちらをご覧ください。
　現在、Ｈ氏は75歳。「少しのんびりしたい」と口ではいうものの、今でも大企業のコンサル、自分の挑戦で作ったベンチャー企業のIPOを目指した経営活動と、走り回っている毎日です。
　その中での愉しみは、大型バイクの運転、温泉めぐり、60歳から始めたカラオケ、70歳から始めたゴルフ……と年々広がり、いずれもプロの腕前に近づいています。
　小生も65歳ですが、Ｈ先輩をみていると「もう年だから」などと言っていられません。

# <第2部>
# 「自分ロードマップ」のつくりかた
# だれでもできる未来シナリオ作成の方法

　第2部は、「自分ロードマップ」づくりの実践入門編として、その基本と方法を紹介します。だれでも自己実現と社会価値の創出ができるロードマップを作成する方法を述べていきます。

　まずは「ロードマップ」とは何かについて、2-1でふれます。「あなたの将来は」と問われて、すぐに答えの出る人はそういません。もしいたら、その人には、これから述べる「ビジョン」と「ロードマップ」がすでに（頭の中で）描けている人と言っていいでしょう。それを2-2で検討しましょう。2-3では自分の位置を明確にして、マップと現実とのギャップを埋めることを考えます。2-4では複合視点でみたロードマップについて述べます。2-5では現実的なファイナンシャルプランを明示します。最後の2-6ではロードマップ上でのリスクヘッジについて述べていきます。

　また著者の実体験をベースにしたロードマップ作成の実践例も述べたいと思います。

## 2−1
## ロードマップによって全体を俯瞰し、未来の自分史をつくる

　未来は確定したものではありません。自らそのイメージを描き、指針をつくり、どのようにでも変えることができる可能性があるのです。しかし、無策にしていると、時はどんどん経ってしまい過去に変わってしまいます。過去は変えられませんが、未来は変えられるのです。

　ロードマップをつくる作業をロードマッピングと呼びますが、この作業によって自らの描く未来、すなわち「ビジョン」を可視化することができます。試行錯誤しながら近づいていくことがポイントとなります。

　未来をつくるには、いったいどうすればいいのでしょうか。図13は、未来をどうとらえるか、その一般的な考え方の例です。

　夢を語ればいいのかというと、そうではありません。といって、それまでの延長線上に未来を描いてみるだけでは、何も描かないのと同じになってしまいます。そこで、どう描くかというと、「未来のありたい姿」「未来にあるべき姿」を提示することになります。

　ロードマップをつくるときには、まずは「実現可能な未来」を目標として設定する、ということになります。**いまの延長線上では無理だけど、何かをプラスしていけば達成可能というような目標を設定**します。この目標は一般に「ビジョン」と呼ばれています。

　企業の経営では、会社のなかでいろいろな役割を分担している社員と経営者がこのようなビジョンを共有します。ビジョンと現状にはギャップがありますから、会社のリソース（原資）をそのギャップに投入し、ビジョンの実現をはかるべく努力をします。方向（ベクトル）を間違えないことが大切ですが、そのことで、未来が見えないという不安を解消して、希望の未来をつくることができます。

　この方法論は（現在から未来をみるのではなく）、未来の側から現在を見

ていくという視点をもっています。したがって「ロードマップ」は、未来起点のツールと呼ばれることも多いのです。

本書では、この手法を個人（人生）の未来にも、使おうとするものです。

図13　未来をどうとらえるか——ありたい姿の仮説から

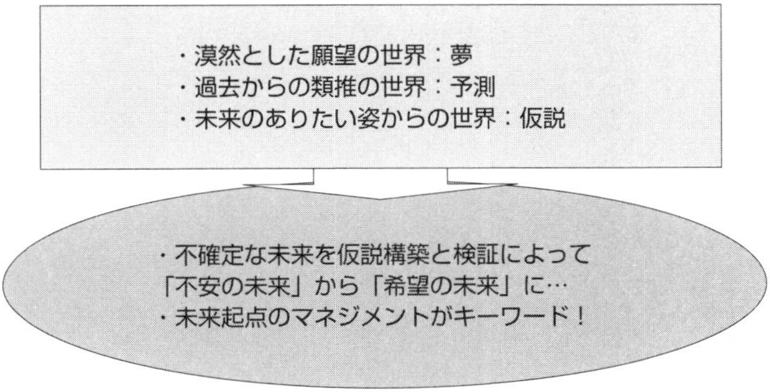

・漠然とした願望の世界：夢
・過去からの類推の世界：予測
・未来のありたい姿からの世界：仮説

・不確定な未来を仮説構築と検証によって「不安の未来」から「希望の未来」に…
・未来起点のマネジメントがキーワード！

## ▶自分ロードマップの役割

　自分の未来史の設定という観点で、ロードマップの役割を述べてみましょう。未来の自分の姿への期待はいろいろあります。

　夢のようなビジョンだけを描いても、実現する手段が見つからなければ、夢でおわります。一方、自分自身の未来を単に現在の延長線上でみると、それは難しいと終わってしまいます。そこで自分自身を未来から見る（ロードマップのビジョンから見る）ことで、何がギャップになっているかを見つけることができます。ロードマップをつくることで、**自分自身の未来と現在のギャップが可視化できる**のです。

　まずは準備段階です。図14はこれを図にしたものです。過去の自分を描いた自分史と、未来の自分史ともいえるロードマップの違いと共通点についてまとめてみました。ギャップを埋めていく方法についておいおい述べていきますので、ここでは漠然とありたいことを右の欄にメモしておいてください。断片的な単語で構いません。

　第1部で述べたように、いま組織の中にいる人も、組織から「卒業」するための出口戦略を考えることは必須になっています。組織を離れてからをど

う考えるかが大切です。そこで、ロードマップをつくることにより、未来にワクワク感をもつことができるようになります。

図14 過去と未来の自分史（ロードマップ）の違い

⇒自分は何を求めているのか記入してみましょう

|  | 自分史（過去史） | ロードマップ（未来史） | 自分が望んでいることをここにメモしておきましょう↓ |
|---|---|---|---|
| 作成目的 | これまでの記録 | これからの挑戦 | 何をしたいか |
| 時間軸 | 過去（過去・現在） | 未来（現在・未来） | |
| プロセス | 過去を振り返る（過去データの収集と整理） | 未来を仮説構築する（未来のあるべき姿からイメージし、整理） | |
| 一般的な目的 | 反省、自己満足、懐かしい思い出、誇り | 希望、夢を持つ、方向を決める、ワクワクすること | |

## ▶スケジュールとロードマップの違い

ロードマップを作る上で、まず注意していただきたいのは、ロードマップはスケジュールとは違うということです。スケジュールは現状から未来を描くものですが、ロードマップは未来のあるべき（ワクワクする）姿をまず想定して、未来視点でそれを達成する戦略を描くものです。

ロードマップで未来を描いたあとは、それを実行するための行動計画（アクションプラン）が必要です。それはいわゆる、現在から近未来の動きを具体化するスケジュールとなっています。**図15**はスケジュールとロードマップの違いをまとめたものです。あなたは何を描きたいでしょうか。メモしてみましょう。

スケジュールは、実際に行なう計画を示してあるので、達成する範囲と方法を明確にする必要があります。ロードマップは、自分自身の未来予測のマップではなく、**自分がどうなりたいかというあるべき姿の仮説構築**です。スケジュールとロードマップでは、内容や方法論が大きく異なるところに注意が必要です。

図15 スケジュールとロードマップの違い

⇒自分は何をしたい(つくりたい)か記入してみましょう

|  | ロードマップ | スケジュール | 自分のつくりたいもの |
|---|---|---|---|
| 目標 | あるべき姿（努力目標、ビジョン的なターゲット） | 達成可能な現実的目標（努力すれば見えているターゲット） |  |
| 連続性 | 不連続性（ブレークスルーポイントが存在） | 連続性（ブレークスルーポイントはない） |  |
| 視点 | 未来中心の視点 | 現在・過去からの視点 |  |
| 発想方式 | 発想の転換、知恵ベース | 積み重ね、知識ベース |  |
| 実践方法 | 大きな階段状のマイルストン | 小さなステップの連続目標達成ベース |  |
| 適用事例 | 失敗も加味した研究開発計画など | 確実な達成を必要とする生産計画など |  |
| その他 | 未来のターゲットが変わったときに修正 | 途中で問題が起こったときに修正 |  |

## ▶人生100年のシナリオ構築が必要

　ロードマップ作成とは、自分自身の人生のシナリオづくりです。シナリオづくりの定石とは、全体を俯瞰しながらストーリーをつくることです。現実の日々では、全体をみるというよりは目先の細部を埋めていく作業になっています。ロードマップでは大きな視野に変える必要があります。

　具体的に、第1部でみてきたように、全体俯瞰（人生100年）を考えてみましょう。どこを最終点にするかは別にして、人生全体のスパンを考えるための一般的な環境条件を図16に示してみました。

　全寿命のなかで、みなさんはどこにいるでしょうか？　併せて考えてみましょう（75歳までは働くことができるとして、現時点の位置を記入し、どこからどこまでのロードマップを書くか考えます）。

### 図16 日本人の寿命と定年などの社会環境の変化

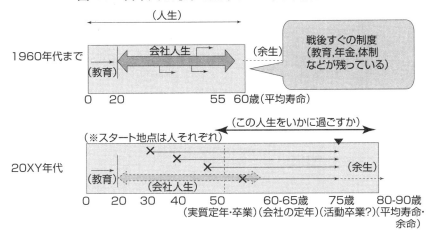

　1940～50年ごろ、戦前から戦中、戦争直後ですが、日本の会社の定年は50歳、平均寿命は55歳という時代がありました。実は今の年金制度はこの時代の社会構造でできているそうです。これでは破綻も当たり前ですね。

　1960年代ごろまでは、日本人の平均寿命は60歳前後、これに対して2000年代では平均寿命80（男性）～85（女性）歳前後となり、この40～50年で20歳も寿命が延びています。このため、第1部で述べたように、ビジネスマンは組織のなかでの生き方だけでなく、その組織からの「卒業」後の20～30年を真剣に考える必要性がでてきたのです。

### ▶不確定な未来に立ち向かうには、全体を見て前向きに準備を

　何が起こるかよくわからない未来の不確定さに対処する方法はあるのでしょうか？　それには前向きな考え方が大切です。よく言われることですが、**起こりうる事態を頭のなかで想定して、その対応を前向きに考えておけば、リスクは怖いものではなくなり、チャンスを生むものに変わります**。これがロードマップ策定の根幹の考え方といえるでしょう。

　また現在は大きな転換期といわれています。転換期は変革期でもありますから、新しくいろいろなことにチャレンジする人にとっては大きなチャンス

となります。

　環境変化という周囲の変化は、安定していたはずの空間軸や時間軸が大きくゆがんだり、隙間があいたりしている状況です。このゆがみの中身は、まだだれも経験したことがない世界ですから、従来の視点では不安だらけの世界ですが、未来からの前向きの視点ではチャンスなのです。このゆがみや隙間をうまく利用することが、チャンスを生かすことにつながります。

「自分ロードマップ」をつくるときには、さまざまな社会条件や組織体との関わり、収入、健康、家族などを考えることになります。そうすることで、個人の出口戦略も見えてきますし、思わぬチャンスが見つかるかもしれません。

　ロードマップやビジネスプランをつくるのは、どこかの企画の専門家が行なうものと考えている人がいまだに多くいますが、その時代は終わりました。個人個人が自ら作成する時代となっているのです。

## 【コラム】過去は変えられないけれど、未来は変えられる
　　　　──光陰矢の如し

　30年前の話です。当時の筆者は企業のサラリーマンで、30代でした。ある人の「お前のロードマップ次第だよ」という言葉に出会って、その対応に戸惑ったというよりも、強烈な衝撃を受けたことを今でもよく思い出します。

　筆者はそのとき企業派遣で北米の大学に2年滞在する機会に恵まれました。当時の日本には、「ロードマップ」という考え方自体がまだない時代です。自分自身の未来の明確なロードマップなど考えてみたこともありませんでした。すでにそのときの北米では、「自分自身のロードマップ」という考え方が定着していたのです。

　ある仕事（研究開発テーマ）をやるかどうするかの相談を、指導教官の教授にすると「それは、お前次第だ、（お前の）ロードマップ次第でやるかどうか決めればよい」との答えがあったのです。
「えっ」と思わず聞き返すと、「お前の（会社や自分自身）のロードマップに載っていればやればよいし、なければやる必要はないだろう」と至極当たり前に、当たり前の雰囲気で返事がありました。

　「ロードマップとは何？」という筆者の反応自体にびっくりした先生は50代前半でしたが、おもむろに見せてくださったのが、先生自身の未来年表、すなわちロードマップだったのです。

　そのロードマップには30年後、すなわち80歳までに達成すべきことが、年代別に見事に整理されてありました。一見スケジュールと見間違えるような、見事な未来視点で描かれた自分自身のためのロードマップとの出会いでした。

　毎年、年末（クリスマス休暇）、皆が騒いでいるときに一日かけてバージョンアップするのだそうです。ぽそっと、その先生がつぶやいたのは「過去は変えられないが、未来は変えられる」でした。

　その先生の1年間のスケジュール表も別の機会に見せていただきましたが、基本的にロードマップに基づきながらも年間の休暇予定はもとより、主な達成目標を実現する現実的な内容（例えば、学会での発表予定や外国への

出張予定、本の出版予定など）が見事に週割り、日割りで書いてありました。
　これを見て驚いている小生を見て、さらにつぶやいてくれたのが「時間は勝手に飛んでいくぞ」、日本語では光陰矢の如しです。今から思うと、ロードマップのない人生のほうが不思議だ……、ありえないとのメッセージが込められていたのでしょう。

## 2-2
## ビジョンとモデル
## 自分のあるべき姿、価値とは何か

　ロードマップつくりにおいて大切なことは、自分自身のやりたいこと、のぞむことのコンセプト、自分のあるべき姿を明確にすることです。ひらたく言うと、目標づくりです。

　これをロードマップ用語でいうと、「戦略」や「ビジョン」、「指針・方針の策定」となります。なにより自分が納得してそう思い込むことが肝要です。自分が納得しなければ、他人は納得しません。できるだけわかりやすく表現し、周囲にも伝達し、理解を得ることです。

　自分のありたい将来イメージは、どう考えたらいいでしょうか。それは**誰かをモデルにするのが近道**です。そのモデルをたたき台にして自分独自のものをつくっていくわけです。

　モデルは、具体的な人が複数人いたほうが考えやすいかもしれません。一人ですとその通りにはいかないことがあっても、複数ですと「いいとこ取り」ができるからです。ダメな時の選択肢を増やすという意味もあります。

　言い訳や後悔をしないためには、まずは**自分自身**で**「ワクワクする」行き先**を決めることです。楽観的に考えることが基本ですが、現実的にはその行先＝ビジョンがどのように世の中に価値があるかを調べることも必要です。自分のビジョンと社会の価値との関係を考えてみることも、自立の経済的な基盤をつくるうえでも大切です。

### ▶未来をイメージするためのモデル

　不確定な未来は確定することはありません。万一（現実にはありえませんが）確定したときには過去になっていて、もう変えることができません。しかし、未来はいかようにも変えられる、ということがスタートです。これは「可能性がいろいろある」といっても一緒ですが、いずれにせよ**選択肢（代替案）**

をいくつも持っておくことが大切です。

　まずは個人的な理想モデルをイメージして検討してみましょう。あなたには、こうなりたいという人がいるでしょうか？　ちょっと隔たりはあるが、できれば「あの人のようになりたい」という人がいれば、まずはその人をモデルにしてみましょう。先にも述べたように複数でもOKです。

　具体的なモデルについては歴史上の尊敬できる人物でもいいし、現存する人物でもかまいません。現存する人がモデルになることは、ある意味で理想的です。直接話が聞けるからです。現存はしないけど、現存した時のことを知っている人がいる場合は、身近の人に話を聞くと、意外なことがわかったりして、ロードマップづくりやギャップを埋める作業に役立ちます。

　もちろんお手本どおりにはいかないのは当たり前で、その必要性もありません。モデルの人のようなことはできるはずがない、と思った場合は、少し離れて自分の未来をイメージしてください。モデルのようになったとしたら嬉しいでしょうか、楽しいでしょうか、ワクワクするでしょうか？　ワクワクしなければ、モデルとしては不適当かもしれません。実は**このワクワク感がモデルの選定基準**です。これを「ワクワクモデル」と呼んでみましょう。

　人にはそれぞれ得意・不得意なところがあります。その性格に応じた得意なところを演じるのが一番効率がよく、世の中に役立つと思います。モデルも自分に合ったものを見つけましょう。

　以下の図17に、このようなモデル化のための考え方を整理してみました。さあ、みなさんはどのようなモデル、お手本を考えているでしょうか？　ひとつでも見つかりそうならばOKとしましょう。

**図17　モデルの考え方の分類と整理**

| モデルの分類 | 具体的なモデルのイメージ | 全体俯瞰する中でのモデルでの想定 |
|---|---|---|
| 個人モデル（1） | 自分の身近な人 | |
| 個人モデル（2） | 気になる、理想の人 | |
| 領域モデル（1） | 行きたい領域（1）でのモデルとなる人 | |
| 領域モデル（2） | 行きたい領域（2）での人 | |
| 願望モデル（複数） | 無理だろうけどでもOK | |

少しでも気になる人を記入してみてください。また、必要に応じてこの欄をいくらでも増やしてください。この段階では選択肢は多いほど良いと考えています。

### ▶ビジョン構築の方法

　自分で何をやりたいか？　自分自身の最終ターゲットは何か？　自分が本当にやりたいことを見出すことがロードマップを書く上で必要です。この最終目標（ターゲット）を「**ビジョン構築**」と呼びましょう。

　具体的な作業としては、この考えやイメージをメモや箇条書き、また単語でもよいから、まずは**目に見える形（言葉や文章）として書き出してみる**ことです。漠然としたイメージだけでは、ビジョンという明確な目標にはなりません。できるだけ具体化に、場合によっては数値化することで、次のステップにいくことができるのです。

　ビジョンを考えるときの、ポイントをもう一度整理してみましょう。
・何のための自分の人生か？
・何が自分はうれしいか、ワクワクするか？
・自分の社会価値＝存在価値は何か？　どのような社会・相手に対して価値を生む可能性があるのか？

　世の中の期待に自分のやりたいことを重ね合わせて、よく考えることが大切です。具体的にアイデアや思いを社会やマーケットにぶつけてキャッチボールを行ない、ビジョンを具体化し、ターゲットを明確にしていくのです。それが志（こころざし）を形成していきます。

　たとえば、
「流通のムダを完璧に省いたシステムの学者になって世の中を豊かにする」
「超高効率の電池技術をもつベンチャー企業を設立してエネルギー危機を克服する」
「農業で世界一おいしい果物を育成し、これまでにない味を提供する」
「有機材料の専門家になって、あらゆる応用業種のコンサルタントになる」
　などなどです。

最初は「絵に描いた餅」ということになるかもしれませんが、それでもいいのです。あらかじめ進むべきところ、進むための考えや、方向、指針、具体論を、できるだけまとめておきましょう。

　実際に世の中への価値提供が、売上・利益という形で返ってくれば立派な収入となります。不確定な段階では、ターゲットそのものが、ことばを換えればビジョンということになります。

　このあと、事業の実施者になることができれば、実現可能な方向を仮想し、チェックして進むことで、実際の「餅」を生み出すための「絵」(＝ロードマップ)がさらに強固なものになります。これを繰り返し、**毎年手を入れてロードマップをバージョンアップさせていくことが現実的な方法論**となります。

### ▶社会貢献と自己実現

　社会貢献とビジネスにおける自己実現は、どうしたら両立するでしょうか。そのためには、社会貢献の仕事をできるだけビジネスの一端に組み込むことです。別の言葉でいうと、自己実現が他人にとっても価値となり、社会の価値となるような関係を築くことです。ここに収入という面が重なれば、持続的な充実感が75歳、いや80歳を過ぎても無理なく実現できます。

　　少し言葉を換えると、60歳でも、70歳でも世の中の役に立つものをつくりあげ働くことが、自分にとっても、家族にとっても、社会にとっても良いことになるということです(三方良し)。

　役に立つという意識軸の中で、最大のものは志(こころざし)です。このあとには、能力やスキルとして自分に何ができるか、自分の強みを見直すことがあります。それを実現する具体論として、お手本＝モデルを探していくのが、「自分ロードマップ」づくりであるともいえましょう。

　図18は、相手のことを考えて自由に書きこむことで、仕事としての貢献の内容と、貢献相手が受け取る価値を明確にできるフォーマットです。

図18　顧客価値の期待イメージ記入用フォーマット

| 貢献の相手 | やりたいことの具体的イメージ | 相手の得る価値のイメージ |
|---|---|---|
| 個人、友人 | | |
| 家族、親戚 | | |
| 教育機関（大学、高専、高校、中小学校、幼稚園、保育園） | | |
| 地方自治体 | | |
| 地域社会 | | |
| 企業（1）個人・零細企業 | | |
| 企業（2）中小企業 | | |
| 企業（3）中堅企業 | | |
| 企業（4）大企業 | | |
| 企業（5）超大企業 | | |
| その他 | | |

＊項目はできるだけ増やしてみてください。これはビジネスチャンスと一緒で、この段階ではできるだけ多いほうがいいのです。

## 【コラム】社会貢献と収入をどう両立させるか

　筆者を例にとって、具体的に社会貢献と収入について検証してみることにします。筆者は、結果的に50歳代早々で大企業を「卒業」したので、当時のいわゆるサラリーマンの収穫期を棒に振りました。これは「ロードマップ」通りではありませんでしたが、万一に備えてそのような選択肢を描いていたのも確かでした。

　予定外の自立（起業）となったので、なんらかの収入でカバーしなくてはいけなくなりました。定年退職後の、小遣い稼ぎ程度でよい独立・起業ではなかったので、さまざまな収入モデルが必要でした。しかし、逆にいうと、その年齢で自発的に辞める人の絶対数が少なかったので、本格的に取り組んだ結果、稀少価値としての顧客価値、社会価値があったのです。価値があれば収入は基本的についてきます。

　そこで相手にとって価値となるものについては、先輩のアドバイスどおり時間の許す限り何でも引受けることにしました。ただし**全部の活動が、どこかで収益モデルに繋がっている**、ということもあとで重要になります。どのような仕事でも、まずは顧客にとっての利益を見出すことを優先に考えました。これが収益を考えるときのポイントとなります。時間は少々かかりますが、あせっては相手の価値≒自分の価値は逃げていきます。

　注意すべきは、社会貢献となるのが明白な教育関係、官公庁の委員、各種法人やＮＰＯの関係の報酬は微々たるもので、持ち出しのことさえあるということです。基本的にこのような役職はボランティアベースのお仕事（小遣い稼ぎ）になっていますので、経済的にはモデルになりにくいということを付記しておきます。しかし、そこから広がる仕事も多いのです。

　このような社会価値活動、知識の体系化（再生産）が、自分への投資活動となっています。

## 2-3
## ポジショニングとギャップ
## 現実とのギャップを分析し埋める

　ロードマップを考えるときには、自分の立場（ポジショニング）と強み、また未来の強みとして何を考えるか、ということは重要な点です。現在と過去の弱みと強みだけをみても、未来の強み、特に組織を「卒業」した後の強みは簡単には見えてきません。自分の価値についての棚卸意識をあらためてもつことで、解決すべき課題（ギャップ）が見え、未来が見えてくるでしょう。

### ▶現状では何ができるか、未来は何に向いているかの棚卸

　10年以上、サラリーマンとしてやっていた人ならば、まずはその組織内での強みが必ずあるはずです。第1部でもみたように、その強みとなる能力と意識が組織の枠をはみ出していく時期が、組織からの「卒業」時期になります。そのための意識に目覚めたときが、「自分ロードマップ」作成開始のタイミングとなるのです。

　未来や過去を意識したときに、**自分の棚卸が必要になり、それがロードマップ作成のチャンスにもなるのです**。棚卸は、自分に何ができるか、何に向いているか、ということを明らかにします。自分自身について考えるのは、簡単そうで、簡単とはいえない面もあります。

　たとえば、現在の自分の得意な分野を聞かれ、自分はこれをやってきたということは言えても、得意な分野を明確に言える人は少ないかもしれません。これは、ある意味では当たり前で、客観的に自分の能力を判断するすべがないからです。

　ということは、ロードマップ作成のときは、強みが自分で認識されず、眠っているかもしれないのです。特にいろいろな部署をローテーションしてきた人は、自分の持てる力を十全に発揮できていないことも多いので、自分の強みなどないとマイナスに考えるかもしれません。しかし、そういう人は他人

より広く経験しているので、今後は実力をたくさん発揮できるチャンスがある、とプラス思考にもっていけばよいのです。

自分の得意分野がすでに見つかっていれば、その分野について組織を離れれば、それまで以上に世の中に貢献できます。さらに何かを未来に追加すればダブルに専門性を持つことにつながり、未来の選択肢は広がります。

まずは自分の棚卸を始めてください。素晴らしい潜在能力が自分に隠れていると認識して、その能力を開花させるためのあと少しの投資と実行のロードマップを描いてください。2～3年の集中があれば充分でしょう。

### ▶多くのサラリーマン人生はマルチメジャーの候補生

自分の棚卸の結果、それまでとは違った専門スキルを兼ね備えることができれば、もうそれは**ダブルメジャー**です。また社内でいろいろな職種を経験したぞ、という方は、大いなるマルチメジャーの候補者になります。

個人の強みの発見とロードマップに記入する内容について、さらに検討してみましょう。ロードマップは、現在の状態から未来を垣間見るというスケジュール的発想ではなくて、未来からの視点であるべき姿を描く、ということはすでに述べました。

しかし「未来から見る」というのは言うは易しですが、行なうのは簡単ではありません。それは、自分の未来が見えていないからです。そのために何をするか。自分で自分の未来の姿（ビジョン）を仮置きすることで、現在との落差（ギャップ）を明確化し、それを埋める方法論をできるだけたくさん出していくことです。

**図19**は、自分の経験を「強み」の候補としたときに、気づいたところを記入できる表です。自分の可能性とそれを本当の専門にするためのギャップが、少しでも見えてくればしめたものです。

### 図19　企業のサラリーマンはマルチメジャーの候補生

⇒自分経験と専門性を記入してさらなるブラッシュアップ

| 企業の中での職種の経験 | その主な専門性 | コアになるスキル | どうすれば専門家になれるか（ブラッシュアップの可能性） | 備考 |
| --- | --- | --- | --- | --- |
| | | | | ・卒業時の専門 |
| | | | | ・企業の中で取得した専門知識（1） |
| | | | | ・企業の中で取得した専門知識（2） |
| | | | | |
| | | | | |

## ▶専門家とは——スペシャリストとプロフェッショナルの違い

　第1部でも少しふれましたが、ここで、自分の強みに関する大切なポイントをひとつ挙げておきます。

　組織（＝会社）内における「専門家」は、あくまで組織内だけのものです。この「専門家」を「**スペシャリスト**」と呼びます。狭い範囲ならば数時間、少し広い範囲でも数日間で組織内のスペシャリストになることができるといいます。限られた空間で、ある組織内という特殊なシチュエーションでの「専門家」が、はたして世の中でどこまで通じるか？　これは簡単には通じないと考えたほうがいいでしょう。

　組織の中の専門性は、一般化、評価されなければ世の中では通用しません。普遍化された専門性をもち、組織の外部からも頼りにされる専門家を「**プロフェッショナル**」と呼びましょう。そうなるためには、次に示すいくつかの**条件**をクリアする必要があります。

　① 体系的な知識や知恵の取得がなされている

② その道のプロフェッショナルの先生に認められる
③ 外部から評価される発信がなされている
という条件です。

みなさんがもし、すでに組織内で何かのスペシャリストであるならば、それを組織外で磨くという意識と実践があれば、高度な専門家、プロフェッショナルになることは可能です。これは、第1部で述べた、50歳からの自立人生への大きな武器になります。多面的な展開により、高収入も夢ではありません。

図20にスペシャリストとプロフェッショナルの違いを、イメージ図として示してみました。

図20 スペシャリストからプロフェッショナルへ

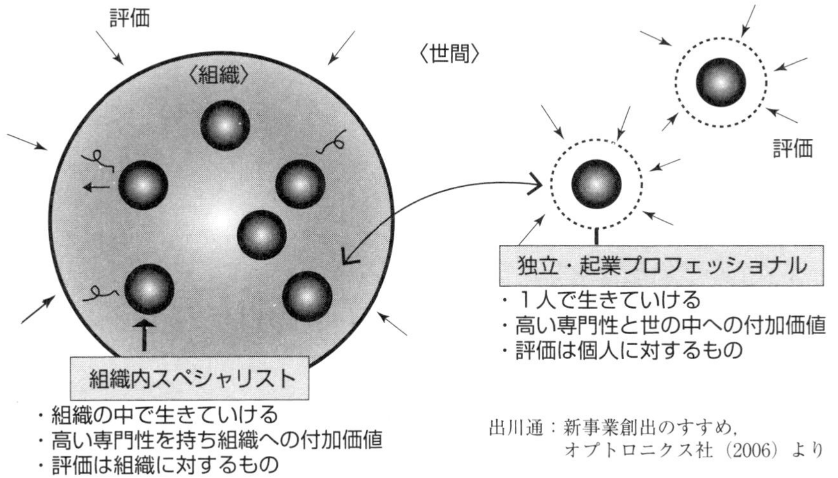

組織内スペシャリスト
・組織の中で生きていける
・高い専門性を持ち組織への付加価値
・評価は組織に対するもの

独立・起業プロフェッショナル
・1人で生きていける
・高い専門性と世の中への付加価値
・評価は個人に対するもの

出川通:新事業創出のすすめ,
オプトロニクス社(2006)より

## ▶自分の強みの発見

幸か不幸か、企業などの組織に属するサラリーマンは、学生時代の専攻に関係なく、いろいろな部署に配属され、それぞれの部署の社内エキスパートとして育成されていきます。多くのサラリーマンはよっぽどの適性の不一致がない限りは、命じられるままに組織内で活躍してきました。このため、自分が本来もっている強みを発見したり、強みを発揮する必要性は少なかった

といっていいでしょう。

このことを前向きに考え直してみると、企業のなかで育成された専門性が元々の専門性とは別に1つ以上あるわけですから、それらの潜在的な「強み」を顕在化させれば、**ダブルメジャーも可能**ということになります。サラリーマンとして頑張って生きてきた多くの人は、**潜在的に非常に高い未来の価値をもっている**といえます。

このマルチメジャーを目指すという観点を、自分のロードマップに入れ込むことをお勧めします。**自分の強みや可能性を発見しそれを磨いていくこと**は、具体的な個人戦略となりますし、未来を切り拓くための課題もみえてきます。

未来の課題が見つかれば、それに伴う問題も明確になり、その解決を目指すロードマップや自己投資の内容やタイミングができあがっていきます。

図21に、自分の強みと思われる事柄と、スペシャリストとしての自分を書き出してみましょう。さらにその専門性をプロフェッショナルに変換するには、どうしたらいいかを考えてみましょう。

### 図21　自分の強みと専門性（スペシャリティ）の洗い出し

⇒あなたは、強みをプロフェッショナルに変換させるために何が必要と思いますか？

| 自分の強みの例（可能性をすべて記入） | そのポイント（専門性、経歴など） | 組織外でもその強みが発揮される条件とは | そのための考えられる対応策 |
|---|---|---|---|
| | | | |
| | | | |
| | | | |
| | | | |
| | | | |
| | | | |
| | | | |
| | | | |
| | | | |
| | | | |

### ▶強みを発見するために──「理科少年・少女」

　学生や若い社会人で、自分の適性がまだ見つかっていないとき、どのようにしたら適性や「強み」は発見できるでしょうか。

　筆者がプロジェクト・マネジャーをやっていたときのことですが、プロジェクトのみんなに自分の強みを認識してもらいたくて、行なった方法を紹介します。

　それはメンバーに、いわゆる利害関係、宿題などと関係のない、自分自身がワクワクした幼いときの遊びの内容を想起してもらうことでした。その内容を吟味すると、いくつかのタイプに分類できることがわかり、さらにそれはプロジェクトの仕事ともむすびつけることができたのです。

　その時のプロジェクトは8割が技術者だったので、幼いときの遊びを「理科少年・少女時代」の遊びとし、これをもとに筆者は**「理科少年・少女」**の**類型**をつくり、その分類に即してプロジェクトの仕事分担を考え、最適人材配置の仮説を立てたわけです。

　これはかなり役立ちました。現在も同じ悩みをもつプロジェクトのマネージャーへのアドバイスとしても、よく使っています。「理科少年・少女」の分類は、自分自身の強みを振り返るとともに、自信をつけていく手法でもありました。

　また各地の大学で「理科少年・少女」の遊びとその分類、発想の講義をした後、学生たちにアンケートをとったところ、「就職を決める際、何を自分の基軸としたらよいかを考えるのに大変参考になった」という反応が多くありました。

　企業の中の若い技術者からも似た反応がありました。その背景には、巨大な組織にいる技術者は、細分化された役割を担うため、個人の自由度は少なく、自分の得意なところでは勝負させてもらっていない、ということもあるようです。その場合、**子ども時代の自分の得意技を思い出すことは、自分の適性や強みの再発見につながるだろう**と思います。

（＊「理科少年・少女」分類の詳細は、『理系人生　自己ロードマップ読本』2012言視舎刊、において示してあります）

### ▶自分の強み・弱みをどのように明確化していくか

　自分の価値（強み、または弱み）がどこにあるか、**まずは仮説を文章でつくりましょう**。会社で自分の価値が認められたこと、社外の人からほめられたこと、自分でこれは勝てると思ったことなど全部です。メモで作成するだけでなく、それを身近の外部のひとから見てもらいましょう。他人の視点も含めて、強み、弱みを見ていくことが必要となるからです。

　**次にその強みをもう少し細かく要素に分解していくと**、その強みがどこに起因しているかがわかってきます。性格的なものや思考形態の強みもありそうです。たとえば「顧客とすぐに親密になれる」は、人見知りしない性格。「センスが良いのでほめられる」は、ものが売れるかどうか直感的にわかる。「ずれのない精密な考え」は、こまかい話が得意……などがわかってきます。

　このように、細かい要素まで分解された強みの認識を持つことが大切です。世の中に対する自分の価値を差別化するポイントや不足分も明らかになってくるからです。

　市場や世の中のニーズに応えるために、使うことができる「強み」は1つだけではなく、複数の可能性があります。それらは、ロードマップにおけるビジョン構築のために大変重要な要素です。

　また、これらの作業のなかで自分の「弱み」や「できないこと」も明らかになってきますが、これも大切です。できていない理由を明確にして、その解決策を補充するのがリスクヘッジだからです。

　自分のロードマップにおける**リスクヘッジとは、最大ダメージを見積もることと、その回避方法を検討することといえます**。

　未来には不確実・不連続の事象が必ず発生します。このリスクヘッジができていないと、人生はその不確定さと不連続さに翻弄される無謀な取り組みとなりかねません。

# 2-4 統合ロードマップ
## 複合視点で未来シナリオを確実にする

世の中の環境はどんどん進化し変化していきますが、同時に自分も変化しています。問題は、環境の変化に適応できているかどうかです。環境変化のなかでのロードマップ作成は、一筋縄ではいきません。そこで、最初は視点を分けて考えてみることにしましょう。最終的にはそれを統合していきます。

### ▶複数の視点でみたロードマップをつくり、それを統合する

もともと企業などのロードマップは、たとえば「事業・経営」、「製品・商品」、「技術」など、それぞれのロードマップが部署別に作られています。これは複数の視点です。一度視点を分けてバラバラになったロードマップを、今度はそれをつないで一体化することを統合化といいます。

図22はそのイメージ図を示したものです。

個人のロードマップも、この統合化に準じて考えてみましょう。

たとえば「経営・事業」の層は、第一層として「収入・ファイナンシャル」、「商品・製品」の層は、第二の「社会への提供価値・仕事の内容」の層、「技術」は第三層の「家族の状況・個人の生きがい（志）」という具合にまずは分け、そして再度統合していきます。

**図22 ロードマップの多層構造の例と統合化のイメージ**

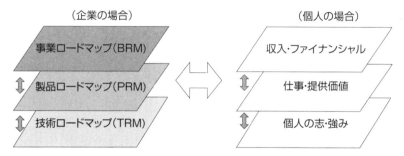

また、それぞれの層で、できうる限りの対応スピードが必要となることにも留意が必要です。

### ▶不確定性に対する多面的な視点とその統合の必要性

どのような個人や社会も常に変化し、いくつかの不確定性を持っています。第一の不確定要素が自分自身の進化です。次の不確定さが環境の予知できない変化です。

未来を表現するツールとしてのロードマップは、社会の変化に対応した形でつくる必要があります。自分の価値を明確にして、収入面(ファイナンシャル面)を確かなものにするために、世の中の動きやニーズに対応することは必須です。「ありたい姿」のビジョンに始まり、仕事の内容、さらには社会への貢献、提供できる価値、自分の強みなどです。これが先に述べた複数のロードマップ視点になります。

しかし、これらの異なったロードマップがバラバラに存在しているだけでは、実用的ではありません。たとえば単に自分の強みだけの独断的なロードマップをつくっても、それだけでは世の中との「つながり」が見えてこないからです。世の中の価値とのマッチング、すなわちファイナンシャル=収入などの要素とつながらないと自己実現にはつながりません。前述のとおり、ロードマップを統合化する必要があります。

ロードマップの統合化によって、自分の将来像が多面的に可視化されます。そしてこれらを未来から現在に並べて関連付けることで、意味が生じて、実際に使える未来自分史=ロードマップになっていきます。

これはどのようなロードマップでも一緒です。

### ▶3つのロードマップを統合する

ここからは、事業ロードマップのアナロジーで、個人のロードマップについて考えていきましょう。ロードマップには、次の3つの層があります。

① (事業・経営) ファイナンシャル……収入、支出、経済状態
② (製品・商品) 社会への提供価値………自分の仕事内容

③（技術）自分の強みの要素……得意技、志、専門性など

　自分の３つのロードマップを作成する前に自分の目指す方向をイメージしてみましょう。その内容を記入する表を図23に示しました。それぞれのロードマップの相互の間の関連を紐づけして明確化します。これが未来の本質的な作業です。

**図23　ロードマップの３層構造とその要素**

|  | その階層の内容 | 自分の意向（理想の姿） |
|---|---|---|
| 第１層ロードマップ | ファイナンシャル面（経済状態） |  |
| 第２層ロードマップ | 社会への提供価値（商品、サービス内容） |  |
| 第３層ロードマップ | 自分の強みの要素、家族の状況（得意技、専門性） |  |

　それぞれの層の特徴や関連について、以下に解説します。

## ▶第１の層：ファイナンシャル面

　収入、すなわち給料と稼ぎの問題がこれに当たります。通常のサラリーマンの場合、組織を離れるときの最大の問題は、給料がもらえなくなることでしょう。これは、会社一筋で、いわゆる小遣い稼ぎをしたことのないサラリーマンには切実な問題です。この問題があるので組織を離れられない、という現実も多いかと思います。しかし、給料をもらえているのは組織で価値を生んでいるから、と考え、その内容をつめていき、組織外ではどのようになるかを金銭的（定量的）に考えるのがこの部分です。

## ▶第２の層：社会への提供価値

　人間はある期間に、世の中に対して何らかの価値を提供することで、その対価として収入を得ます。自分自身の価値の場合も、世の中から評価される必要があります。自分の持つ強みとリソースを、市場視点の「顧客価値」に

置き換える、つまり顕在化されたニーズに合致させなければならないのです。

不安定な社会環境変化のさらに不透明なニーズ（これを漠然とした欲求、ウオンツともいいます）を、実際に注文、購入してくれる顕在化されたニーズ（実需、デマンドともいいます）に変えることが必要です。

マーケット全体が見えない段階でもかまいませんので、特定のターゲット（顧客）から見た自分の価値をイメージしてみることが大切です。そして自分のロードマップのスタート地点をできるだけ明確化していくことです。これができると、それ以降の無駄な作業を省略することができ、現実的なロードマップの作成の効率を上げることができます。

## ▶第3の層：自分の強み、志、家族の強み

自分は何のために生きているのか、本当にやりたいこと、役立ちたいこと、できることを、個人や家族ベースで考えてみるところです。

組織に属している個人が、組織を「卒業」（失った）した状態をイメージしてみましょう。たとえば自立・起業などですが、かならずしもそんなアグレッシブな動機でなくてもかまいません。そろそろ組織から離れて自分で何かやりたいというのは、普通のサラリーマンでもあたりまえに起こる気持ちですし、本書ではそれを推奨してきました。

自分のロードマップを考えると一筋縄ではなく、時間軸の上にいくつかのステージがあることがわかります。それは自分のファイナンシャル・プランやビジネスの進捗ステージ、さらに特性や夢、蓄えなどいろいろな要素が絡んできます。

ロードマップの場合は、過去の自分の「強み」からの展開が基本になります。途中でやり直すこともできますが、まずは、勝っている時期に先読みして、将来モデルを設計しておくことが大切です。

筆者は52歳で組織を「卒業」しましたが、そのときによく聞かれたことを再現します。

「組織から離れて何が大変で、何が楽しいでしょうか？　世の中の見え方がどのように変わりましたか？」

「組織の中での我慢と、今の我慢は何が違いますか？」

という質問です。こうした質問についての答えは明快です。

「個人的には自由になります。ずっと楽しいともいえるのですが、ずっと大変ともいえます」

「どっちも我慢です。組織の中の我慢は、外にでると我慢に入ってなかったかもしれませんが、いまの我慢は我慢しがいのある我慢です」

自分自身が変わるというよりは、**視点が変化する**というのが正解かもしれません。組織のなかにいるときは、上を見ても横をみても下を見ても、守られていますが、これは制約にもなります。これをイメージすると、上を見ると天井がなくなり、ある意味では爽快です。横をみると、格子やドアがなくなり出入り自由です。でも、ときどき、従来は（組織に守られて）飛んでこなかった「矢」やら「何やら」が飛んできますので、かわしたり受け取ったりする準備も必要です。

もっと具体的にいうと、詐欺まがいの危ない儲け話がきたり、顧客を装った集金システムの来襲などです。実は最後に最大の問題があります。それは**底も抜ける**のです。まさに、天井もないが、床も抜ける自由空間です。

自由空間に羽ばたけるのですが、羽ばたく力がなかったり、ほかにすがる構造物などがないと、どこかに落ちてしまうことになります。しかし、**自分でちゃんとした視点とそれを支える何か＝ロードマップをつかんでおけば**、途中でも爽快で、自由空間を楽しむことができるのです。

### ▶米国の開発ベンチャー企業の技術者の給料はなぜ高いか？

米国の例を挙げて、従業員の稼ぎと、その分配の結果である給料の問題を考えておきましょう。組織の仕組みをある程度知ると気がつくと思いますが、従業員の存在は大きなコストとして計上されているのです。第１部でコストレートと呼んだ時間当たりのコストです。

企業経営には「**分配率**」という概念があり、これによって従業員（役員も含む）が稼いだ付加価値をどのくらい給料に反映させるかが決まっていきます。

筆者が組織内にいるときに、あることを実感したことがあります。それ

は、同じレベルの仕事をしている技術者の給料が、日本の大企業と米国のベンチャー企業では大きく違っていたことです。働く人の単価といったコスト構造はほとんど一緒でも、年収はベンチャー企業の技術者のほうが倍でした。それまでは、日本の大企業の技術者の給料はある程度高いと思っていましたが、それは違っていたのです。また米国でも、大企業に勤める人の年収は日本とほぼ同じであることもわかりました。

これは、単純化させていうと、レート（コスト）は一緒でも、給料になるべき**分配率が米国のベンチャー企業では 0.7 ～ 0.8、日米の大企業では 0.35 ～ 0.4 程度**という差があったからです。評価体系の違いではなく、中間管理職の多寡やこれまでの投資費用の回収など、組織維持に対する費用の差、ということもできます。どういう組織に属するかによって、仕事の内容や質は同じでも、給料が高くなる場合も安すぎる場合もある、ということですね。

日本の企業労働者（サラリーマン）の平等主義という側面で語られたり、日米の競争力の低下の問題として、よく指摘されることですが、経営者はあまり手をつけたがりません。端的にいえば、知的労働者ほど会社のなかで労働分配率が低いのが、日本企業の特徴となっているからです。

このような現実にサラリーマンはどのように対処したらいいでしょうか。現状では、以下の３つが打てる手です。ここに **50 歳以降の働き方についてのヒント**があります。

① 給料の分配率の高い企業に転職する……米国のベンチャーのような会社に再就職。

② 役員になって分配を受け取るほうになる……会社のなかで成果を上げ、経営者と良い関係をつくり役員（候補）となる。

③ 知識労働者としてフリーになる……プロフェッショナル専門家としての自立、自営。

この中で③の道を選べば、分配率は究極は 1.0、米国ベンチャー以上になるわけですから、収入も増える可能性が高まります。ここにも筆者が組織からの「卒業」をお勧めする理由があります。

ちなみに企業側の立場でも、会社で支払うお金（コスト計算で出て行く金額）が同じならば、社外の専門家を必要なときに必要なだけ使ったほうが経

済的、という考えがあります。これが、日本より一歩早くイノベーション時代がきた米国では人材の流動性が高く、社外専門家という各種コンサルタントが多い理由にもなっています。

## 【コラム】ロードマップを航海のための海図として考える

　ロードマップは先が見えないときにつくるものです。自分のロードマップについて、筆者はその全体像のイメージを航海に模して把握していました。

　世の中全体を海（地球）としてみると、その中に浮かぶ船が自分です。海は凪も嵐もありますので、全体状況（環境変化）を把握しながら、自分の船の大きさや性能を理解します。その上で、いかに新しい自分の航路をみつけていくかが、生き残りながら目的地へいく方法論になります。

　そのときにつくる海図が、未来絵図（ロードマップ）です。前提として、まずは行先を選定しないといけません。どこに行くかは自分自身が決めます。波任せでは漂流するだけです。海の状態を知るための漂流は必要ですが、だれも助けて（曳航して）くれません。

　海図（目的と行き方）がないと、さまよい続けていずれ難破します。この時の海図がロードマップの役割といってもよいでしょう。

　大きな船（組織）に乗っている人は、海の状況変化に気づきにくいところがあります。小さな船に乗っている人は、海の荒れ具合や変化により早く気がつくでしょう。どちらがよいというわけではありません。

　多くの人は、自分が乗っている船はどこへいくのだろう？　大丈夫かな、と考えつつも、船のなかにいることで安心しがちです。しかし大きい船だからといって、その航海は必ずしも安全とは言い切れません。突然の環境変化に、大きな船は即座に適応できないことも多いのです。

　人生航路において、船に乗っていられる期間は限られています。大きな組織（船）だろうが、小さな船の上にいようとも、最後はどこかで組織（船）を卒業（降りて）して一人になります。その時、どこにどのように行くかを考えて海図（ロードマップ）をつくっておかないと、船（組織）に非常事態があったりすると、瞬間に行先を失います。

# 2–5 未来のリスクをヘッジする ファイナンシャル・プラン

### ▶愉しく生きるためのファイナンシャル・プラン

　さてここで、自分の収入計画を立てていきましょう。ロードマップのなかでも重要なファイナンシャル・プランです。

　本書の冒頭の「はじめに」のところで（8頁）、いわゆる「老後の必要資金」の考えた方を述べました。ここではその考えをロードマップに落としていくことになります。その前に基本的な考え方のいくつかを再確認しておきましょう。

　年金制度というのは、平均寿命が短かった時代の発想で、昔の定年（満期終了）を迎えた数少ない人への例外的なボーナスだったわけです。もともと、働ける人は生涯働くことで世の中が成り立っているのです。ですから今の年金制度が危機に陥るのは当然です。そこを考えると、働ける人々は可能な限り働き続けるというのが、もっとも当然というか賢いソリューションということができます。これを行なうことで、自然に自分と家族の金銭的な負担の軽減となり、社会に対する貢献、さらに次世代の人たちへの負担軽減につながります。

　定年というのは、言葉のイメージは満期勤め上げ、ご苦労様という意味もありますが、組織からの強制的な退去、つまりクビになるということです。いまのように寿命が伸びた時代、どうせクビになるのなら先手を打ち、元気なうちに組織を「卒業」し、後半の人生がむしろ本番となるようなロードマップをつくる、というのが本書の基本的な考えでした。

　しかし、組織を「卒業」しその時から働かないとしたら、当然ロードマップは不確定因子でいっぱいになります。生きるための原資は、こどもや孫からの援助がないとすると、どうなるかわからない年金と仕事を辞めた時の資

産だけということになります。

どんな人でも収入計画を明確に描くことが、ロードマップ作成の第一歩です。すでに、この時に必要な資産（資金）を見積もっています。

図24（a）（b）には、50歳以降のファイナンシャル・プランについて、収入・貯蓄、費用などのフォーマットを示しました。いくつかのコースに対応して考えていきましょう。

### 図24（a）　50歳以降の獲得収入と支出イメージの簡易計算表

（50歳を区切りとして90歳まで生存するとした場合の収入と支出の生涯バランス・イメージ図）

| 項目 | 組織内収入 | 一時現金資産 | 年金収入 | 自立時の収入 | 50歳以降の必要資金 | 差額（50歳以降で試算） |
|---|---|---|---|---|---|---|
| 内容 | 50歳〜定年までのキャッシュフロー(年収) | 蓄積キャッシュ（退職金見込み、遺産相続見込み、定年時の現金資産） | 年代による年金収入見込みを計算する | 組織を離れたあとのキャッシュフロー（年収）寿命までの（その後の）必要費用 | 必要費用の概算を行ない差額（未来への貯蓄） | 生涯の収入と必要費用の過不足イメージのめどをつける（−：不足、＋：余剰） |
| 計算式の基本的考え方 | 50代の年収の設定×定年までの年数 | 退職金見込み／企業年金見込み(総額)／遺産相続見込み／ローン残額などの負債 | 年金収入×90歳までの年数 | （75歳−自分の自立予定の歳）×収入見込みを計算 | 生活レベルの費用×年数（90歳までの残存年数）＝必要総費用を算出 | （総収入＋金融資産）−必要総費用で算出 |
| 仮定すべきこと | 実質定年の歳とそれまでの平均年収見込み／定年延長限度の歳と平均年収見込み | 臨時収入と臨時支出の主要項目を算出してみる | 90歳まで生きる場合の年金収入見込み（年金定期便などで確認） | 75歳までの働くパターンと収入イメージをいくつか設定してみる | どのレベルの生活をするかを設定する（月50万、月40万、月30万など） | 最終的にバランスまたはプラスにする方策を考える |

## (b) 事例

| 項目 | 組織内収入 | 一時現金資産 | 年金収入 | 自立時の収入 | 50歳以降の必要資金 | 差額(50歳以降で試算) |
|---|---|---|---|---|---|---|
| 事例①<br>60歳実質定年、65歳まで延長、年金のみ) | 50〜60歳：800万円×10年＋400万円×5年＝1.0億円 | ・退職金：2,000万円<br>・定年時貯金・1,000万円<br>・自宅ローン残・1,000万円 | ・年金200万円×25年(90－65)＝5,000万円 | なし | ・50〜60歳(10年×月50万×12＝6,000万円)<br>・60〜90歳(30年×40万円×12＝1.44億円) | 総収入・資産(1.0億＋2,000万＋5,000万＝1.7億年)<br>総支出(6,000万＋1.44億＝2.04億)<br>過不足：マイナス3,400万円 |
| 事例②<br>60歳定年・自立して75歳まで軽く働く＋年金収入パターン | 50〜60歳：800万円×10年＝8,000万円 | ・退職金：2,000万円<br>・定年時貯金・1,000万円<br>・自宅ローン残・1,000万円 | ・年金200万円×25年(90－65)＝5,000万円 | 60〜75歳：400万×15年＝6,000万円 | ・50〜60歳(10年×月50万×12＝6,000万円)<br>・60〜90歳(30年×40万円×12＝1.44億円) | 総収入・資産(8,000万円＋2,000万＋5,000万＋6,000万＝2.1億年)<br>総支出(6,000万＋1.44億＝2.04億)<br>過不足：プラス600万円、ほぼバランスする |
| 事例③<br>50歳で自立、75歳まで2段階で働くパターン | なし | ・定年時貯金・1,000万円<br>・自宅ローン残・1,000万円 | ・年金200万円×25年(90－65)＝5,000万円 | ・50〜65歳：1,500万円×15年＝2.25億円<br>・65〜75歳：600万円×10年＝6,000万円<br>(＊余裕パターン：50〜90歳まで月60万円とすると、必要費用は40年×60万×12＝2.88億) | ・50〜60歳(10年×月50万×12＝6,000万円)<br>・60〜90歳(30年×40万円×12＝1.44億円) | 総収入・資産(5,000万＋2.25億＋6,000万＝3.35億円)<br>総支出(6,000万＋1.44億＝2.04億)<br>過不足：プラス1.31億円)<br>(＊余裕パターン：プラス4,700万円) |

| 項目 | 組織内収入 | 一時現金資産 | 年金収入 | 自立時の収入 | 50歳以降の必要資金 | 差額(50歳以降で試算) |
|---|---|---|---|---|---|---|
| 自分の計算イメージ：① | | | | | | |
| 自分の計算イメージ：② | | | | | | |
| 自分の計算イメージ：③ | | | | | | |

　まずは、自分は今のままだとどのコースになるかを検討します。（a）で考え方と計算法を解説していますので、これをざっと呼んでから（b）の事例を見ながら、自分の予想を記入してみましょう。現実の数字だけでなく、理想とする数字も考えていきます。

## 2−6
# ロードマップの妥当性と
# リスクヘッジの方法

### ▶ロードマップのチェックとマイルストン

　ロードマップの妥当性（費用・期間・ターゲットなど）は、最終的なビジョンを念頭において検討します。自分の未来の能力、時間、費用を周囲の状況と比較しながらリスクを検討していくのです。特に自分の強みについては、その独自性、差別化の程度とマーケットからの必要性、費用と回収計画といった面から判断していくことが大切です。

　最終目標に向かう途中の仮目標となるものを**マイルストン**といいます。ロードマップにおいてビジョン実現のために、自己投資を含めた進捗状況をチェックします。自分だけでなく他人にも理解できるよう、なるべく定量的な指標が求められます。それが無理な時は、判断基準を自分で明確に示しておけばいいのですが、それではあまくなると思う人は、できるだけ第三者に見てもらいましょう。

　組織を「卒業」した場合、新しい分野に新規参入することもあります。この場合、ビジネス経験の少ない分野であることが多いので、いかに速成的に勉強しても、自分だけでは的確な判断はできないのが普通です。このため周囲のいろいろな人々（モデルになる人がいればなおのこと）との情報交換を充分に行なう必要があります。

　自分の強みと世間との乖離度の把握も行ない、それに応じた準備なども必要です。「卒業」した場合の最大のリスクは、世の中（マーケット）や顧客の不確実性ですが、これはどの人にも平等に訪れるので、**問題は対応力**です。この対応力をリスクヘッジといってもいいのです。楽観値、悲観値の範囲を示しながら、自分への投資の事前判断材料とします。

### ▶新規のビジネスを考える場合のリスクヘッジ

　特にあたらしいビジネスを考えている場合、需要の見通しを正確に出すのは難しいのです。このためフレキシブルに対応できるような準備をしておかないと、立ち上がらないで終わってしまうこともありえます。

　世の中には必ず競合者が存在するといってもよいでしょう。顧客が求める（であろう）価値を実現するには、自分の強みや弱みの分析ができていないと説得力がありません。そこではマーケティング用語でいう「３Ｃ分析」や「ＳＷＯＴ分析」が役に立ちます。

　そのようにして明らかになった強みを活かして**新しいアイデアを出す場合**も、既存アイデアとの差異とメリットを把握している必要があります。さらに、アイデアや商品の優位性を説明する場合は、それを**顧客サイドの言葉で明確に語る**ことが大切です。

　差別化されたアイデアについては、「飛び離れたアイデア」なのか、「時間的に先をいくアイデア」なのかを分けて捉えることも重要になります。新しもの好きの顧客が期待するのは、「時間的に先をいくアイデア」のほうです。とはいっても、あまり先に行き過ぎないことに留意する必要があります。また「飛び離れたアイデア」は、購買意欲をそそる範囲での差別化であることは当然です。

　たとえば新しいメモリーをビジネスにすることを考えてみましょう。「時間的に先をいく」とは、メモリーの記録容量の拡大です。通常のUSBメモリーが10 GBのときに、その10～100倍の容量のメモリーを先んじて出せば、時間的に先にいくことになります。

　しかし、そのメモリーが同じ10 GBのものであっても、使い勝手が素晴しく良いものであったり、心をなごませる形状・デザインであったりすれば、「飛び離れたアイデア」になります。

### ▶ファイナンシャルな面でのリスクヘッジ

　ロードマップの内容のうち、特にファイナンシャルの面について考えましょう。いわゆる収入と支出に関するバランスについてです。自分でまずは

作ることが大切ですが、作成した経理諸表については、もし経験がなければ一度は財務、経理の実務家に目を通してもらい、基本的内容に間違いがないかどうかを確認します。

　とくに将来計画をつくる時は、計画についての計算と作成時点での費用全体の概数が必要です。無知による単純な思い違いなどがあることを前提にして、謙虚に見直すことが必要です。初歩的ミスがあると、内容までいかずに、そこでずっこける場合も多いので、要注意です。

　ロードマップのファイナンスな面において、あるべき姿と現実とのギャップが大きい時は、従来の自分のもつ基盤から離れすぎていることが考えられます。慌てず、でも世の中の価値を先取りしているならば、地道にギャップを埋める努力をしていく必要があります。

　できない理由を深く追求して、やめるのがリスクヘッジではありません。**できない理由があればそれを明確にし、その解決策を考えていくのがリスクヘッジ**です。ロードマップにおけるリスクヘッジとは、未来に発生する不確実・不連続の事象を前提として、ダメージを見積もり、その回避方法を検討することといえます。このリスクヘッジができていないと、人生はその不確定さと不連続さに翻弄されます。

　**立ち上がり状況に応じたファイナンシャルな面での楽観値、悲観値を出して、その双方に対応できる計画と準備**があれば、それがリスクヘッジとなります。予め想定されるリスクを含んだビジネスモデルを充分に検討した上で、リスクを最小にすべく内容を吟味し、まとめるのです。ビジネスの開発期においては、追加投資の考え方も必要です。

　よく、成功した人が「やってみなきゃわからない、人生は流れに乗って」というようなことを言いますが、その人たちの頭の中にはリスクヘッジや自己投資などの仮説がしっかり入っていての発言なのです。鵜呑みにすると痛い目にあいます。

　リスクのまったくない開発・事業は差別化されていないということで、実施する意味がありません。しかし、リスク監査をどれだけ行なっても、リスクは基本的にエンドレスです。必要なのは、リスクを完璧になくすことではなく、初歩的なリスクを排除しながら、とるべきリスクを明確にすることで

す。これをリスクマネジメントといいます。

### ▶フィードフォワード法の活用──「目のつけどころ」

　未来を先取りしたロードマップの実践、つまりイノベーションのマネジメント方法について、よく聞かれます。そう簡単な方法論はないのですが、あえて言うと、以下のような考え方があります。

　達成しようとするビジョン、ターゲットに対して、つねに先を読みながら、やり方や手順を弾力的に変えていくことを**フィードフォワード法**と呼びます。あらかじめ、こうなるだろうから、と予測して制御する方法です。これは「目のつけどころ」と「洞察力」を磨くということです。この方法論を理解すれば、「過去は変えられないが、未来は変えられる」というロードマップの発想につながります。

　フィードバック法と比較すると特徴がはっきりします。フィードバック法は過去を基準に将来実践できることを考えていくので、過去の誤りや欠点を指摘することが多くなります。これに対してフィードフォワード法は、でき

図25　フィード・フォワード法による未来を視るイメージ

スキーで滑っているイメージ

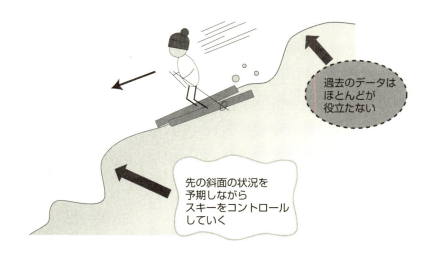

る理由をまず考えて解決策をみつけていきます。上位者が導くのではなくて、未来は皆が助け合うことが中心になるという特徴もあります。

　例を挙げると、熟練者のスキーのイメージです（**図25**）。彼らは滑る斜面を見て、あらかじめどのくらい前傾し・ひざを曲げるかを準備しているのです。仮説の構築と検証をすばやく繰り返すという方法です。

　このとき重要なのは、早いサイクルで回さないと現実が追いついてしまうということです。**未来によりうまく適合するには、早く回せるように、たくさんの仮説をあらかじめ設けておくことが重要**です。人生のロードマップの実践と繋がってくることがおわかりいただけると思います。

# 【ケーススタディ】さまざまな異分野アイデアを融合して新しい価値を生む

　筆者の知り合いに、エレクトロニクスとバイオ等のハイテク業界で次々と新商品を生み出すことで有名な中小企業の社長がいらっしゃいます。20数年間、毎年数十機種の新製品を発表して、そのほとんどが売れて商品になります。そのすべての製品には、新しいアイデアが埋め込まれているのですが、ベースは既存技術（ローテク）を用いたシナリオづくりです。そして、そのアイデアのほとんどの源は、異分野でのコンサルタントや顧問活動から得られたものです。

　新規のものは不確定性が多いのでリスクは高く、このリスクは極小にすることが大切です。そのとき活かされるのが異分野の知識や知恵です。これを応用すると、リスクのある新規開発を極力避けることができるのです。先人たちが築いてきた既存のものを徹底的に使い、異分野のアイデアを融合することで成功率を上げることができたのです。

　では、異分野からアイデアをもらう（発掘する）には、どうしたらいいのでしょうか。その社長が言うのは、まずは、自分の持っている智恵を、異分野の知恵をもつ人のところで、惜しげもなくさらすことだそうです。ここで、智恵を出し惜しむと、新しいアイデアは得られなくなります。自分が持っているものを吐き出すことで、新しい分野の智恵を聞くことができ、吸収もできるといいます。

　**A業界の常識は、B業界の非常識（新アイデア）**ということです。異分野の業界で使われてきたものならば内容は安心でき、それを取り入れることで思わぬ新アイデアが生まれるというわけです。その業界の人に役立つシナリオを創出することで、真の新しいニーズとネタが聞こえて吸収できます。

　この考え方は、リスクヘッジのひとつの方法ですし、自己の価値と世の中の価値をむすびつけるロードマップの統合化の際にも役立ちます。自分の強みや理想と現実とのギャップを埋めるヒントになります。

## 【エピローグ──未来シミュレーション】
## 2050年、75歳のA氏とB氏の描写から

「近未来シミュレーション」で登場した二人の同期入社のサラリーマン両氏は、2050年には75歳になっています。それぞれが人生の後半の50歳から75歳を振り返って、さらに平均余命の90歳までを展望すると……。

### ▶ A氏のケース

2025年の会社のホープA氏は役員になりそこないましたが、結局、定年延長で70歳まで勤め上げることになりました。入社以来、陽の当たる主流部門で活躍した彼は、傍目には順調にも見えましたが、それはそれで、50歳（2025年）からの会社生活は、やりがいと給料がリンクする時代とは、うって変わったのです。

勤務先の企業では、まずは当時の主流事業の業績不良による経営者の全面的な交代により、徹底的な合理化と体質転換が行なわれました。この結果は多くの大手企業でも共通で、50代以上の残留管理職は50歳からの急激な基本給の低下曲線カーブに従うことになったのです。

60歳時における給料は、50歳のときの給料（年収1,000万円）の半額（年収500万円）となりました。さらに追い討ちをかけたのが、若手優遇に伴い原資捻出という名目で、さらなる給料の大幅カット（20％）が行なわれたことです。その結果、60歳では400万円の年収となっていたのです。仕事はもちろんフルタイムです。場合によっては役職の肩書きは付きますが、実質的には50歳までで（役職）定年となっている状況だったのです。

50歳以上で元気なのは役員となった経営者だけ。これらの人は会社を退職して、別途の給与体系のなかにいるので問題はないのです。

しかし経営者になるスタイルや経歴も大きく変わっていました。かつては、この会社でも主力事業で活躍した人が、順調に（順送りに）役員となっていましたが、外部からの経営のプロが半分、残りが内部からいくつかの新規事業に成功した人、さらに社外役員で占められるようになったのです。

外部に出ることを好まなかったA氏は70歳までの定年延長に乗ることはできました。しかし60歳以降は、65歳の時にはそのまた半額（200万円）の年収となっています。

　これはこれで、定年延長と引き換えにハッピーかもしれませんが、すでに退職金制度はなくなり、年金も75歳から完全支給という時代で、明らかに老後資金が限られてしまいました。

　50歳までで、子育ての教育資金と住宅資金の返済は完了しているものの、その返済で老後の蓄えは減っていました。10年以上年上の先輩たちから、子どもの手が離れる50〜60歳が老後資金をためる絶好のチャンスと聞いていましたが、50歳から60歳まで給料が減り続けたA氏には、余裕資金を1,000万円確保するのがやっとでした。

　A氏にとっての救いは、両親が残してくれた古家が郊外にあったことです。2年前にこの住宅を担保相続（実質売却、査定価値2,000万円）して、20年分の自己年金としておおよそ年100万円の収入が確保できました。

　A氏に年金がフルに支給されるのは75歳から、となったばかりでした。75歳までに受け取れるのは年間100万円程度です。詳細は図Aのとおりですが、僅かな蓄えを取り崩していくと、月30万円の生活設計となります。これは、65歳からずっと続いているギリギリの生活水準ともいえます。

### ▶ B氏のケース

　一方会社を50歳で卒業したB氏について、その後の様子を見てみましょう。50歳から数年のB氏は、いろいろと声をかけてくれたネットワークをつかって、専門的な業務について1、2年の年次契約を複数ゲットすることができ、1年後には定年前と同レベル、その後は1.5倍の収入を確保することができました。

　その内容についてすこし細かく見てみましょう。設立した会社での仕事は、最初の半年は知人の年間契約案件、数件のみでした。後半に古い友人や先輩からの配慮の仕事が入り始めました。前半と打って変わって休日が全部つぶれることになりましたが、疲れを感じることはまったくないという感覚

をあじわいました。創業初年度の企業の収入は、最終的には後半の緊急案件の仕事により、収支トントン、代表の個人収入も退職時の給料と一致させていたため、年収の変化はありませんでした。

２年目からはＢ氏の独立を知った、大学関係の友人からいくつかの大学関係の非常勤講師や客員教授の依頼が舞い込みだしました。それぞれの単価は低いものの、会社からの収入とは別に半固定安定な収入となり、年収はプラスになり始めました。

一応の生活の安定を得たので、温めてきた自分の専門性のノウハウや経験を記述した著書の出版にも注力しました。この著書がきっかけで、さまざまなセミナーの講師に招かれ、その内容がきっかけで新しいクライアントの発掘が可能になりました。

まずは順調なスタートでした。Ｂ氏の本格的な自立は３年後、顧客のほとんどは独立した後の新規の顧客になっていましたが、このことによって開業後のいわゆる３年目の危機（当初の顧客からの発注減少）を乗り越えることができました。

創業から３年後、本業のコンサル、大学やセミナーなどの講師、出版した本の続編の依頼、雑誌への執筆依頼などが相次ぎ、すべて受けていたので、まったく休日はなし。しかし疲労感はなく、気がつくと10年がたって60歳になっていました。

60歳代では確定申告を行なうと、いつのまにか年収は平均して1.5倍、70歳を過ぎて仕事をセーブしてからは75歳以降の「収穫期」の準備をし始めました。年収は500万円を切ることはありません。限られた仕事の合間の時間を休暇に使う楽しみは大きく、なるべく上級の休暇を楽しみました。フローでの蓄えが減ることがないのも特徴です。

現在は75歳、すくなくとも80歳までは頼まれ仕事が継続する予定で、収入面でも漸減しながらも年金はあてにしていません。でもコミコミで500万円程度で推移できるであろうというのが現在の見通しです。

仕事中止宣言をすれば別ですが、まだ健康な状態で、社会的価値を基準にした仕事はシームレスに継続していく傾向にあります。周囲をみていても愉しい仕事を自分からやめる人はあまりいません。体力的な面で言うと80歳

がひとつの目標かなと思うこのごろです。

　参考までに図AにA氏、図BにB氏の50歳以降の生涯年収と必要資金の概算値を示してみました。

### 図A　A氏の生涯総収入（50歳以降の計算例）

大企業勤務：退職金なし、70歳まで定年延長で働くモデル
2040～50年ごろを想定した数値

| 項目（2040年頃の状況を想定） | 計算例 |
|---|---|
| 年金獲得予定金額：70～74歳年100万円、75～90歳年200万円 | 100万円×4年、200万円×17年＝3,800万円 |
| 51～65歳の平均給料 | 500万円×15年＝7,500万円 |
| 66～70歳までの定年延長 | 200万円×5年＝1,000万円 |
| 住宅売却 | 2,000万円 |
| 50歳からの獲得収入＋年金 | 1.43億円 |
| 50歳以降必要な金額：Case Ⅰ　<u>月30万円レベル</u>での生活を送った場合の必要資金（90歳まで生存仮定）30万円×12月×40年＝1.44億円必要 | <u>必要資金と獲得資金との差額</u>：1.44億円－1.43億円＝100万円　追加の必要金融資産＝100万円　ほぼ均衡する |

## 図B　B氏の生涯総収入（50歳以降の計算例）

50歳で組織を卒業、社外専門家として65歳まではフルに、75歳まではセーブして働くモデル

| 項目（2040年頃の状況を想定） | 計算例 |
|---|---|
| 年金獲得予定金額：76～90歳<br>年200万円 | 200万円×16年＝3,200万円 |
| 51～65歳までの収入<br>（年収1,500万円と想定） | 1,500万円×15年＝2.25億円 |
| 66～75歳までの収入<br>（年収500万円と想定） | 500万円×10年＝5,000万円 |
| 76～80歳までの収入 | 0で計算 |
| 50歳以降の獲得収入＋年金 | 3.07億円 |
| 50歳以降必要な金額：Case Ⅱ<br><u>月40万円レベル</u>での生活を送った場合の必要資金（90歳まで生存仮定）<br>40万円×12月×40年＝<br>1.92億円必要 | <u>必要資金と獲得資金との差額</u>：<br>1.92億円－3.07億円＝－1.15億円<br>追加の必要金融資産＝不要、1.15億円が余る |
| 50歳以降必要な金額：Case Ⅲ<br><u>月60万円レベル</u>での生活を送った場合の必要資金（90歳まで生存仮定）<br>60万円×12月×40年＝<br>2.88億円必要 | <u>必要資金と獲得資金との差額</u>：<br>2.88億円－3.07億円＝－0.19億円<br>手元に1,900万円残る |

# 付録1
## 一般的なロードマップのプロセスと表現方法

### (1) ロードマップの作成の流れ

　企業などで行なわれている一般的なロードマップづくりの流れを**付図1**に示してみました。「自分ロードマップ」づくりとほとんど一緒です。
　最初のステップ1は、行き先を決めることです。旅行に行くときもそうですが、行き先が決まらなくては、次の話はできません。まずは、候補地を2、3出してみることからスタートします。
　ロードマップでは、現実の道路地図を使った旅行と違って候補地が見えにくいという問題があります。そこで、少なくとも2、3の仮説をつくってみることになります。ステップ2では、その目的地へどのように行くか、複数の可能性を挙げていきます。目的地への行き方もそれぞれ複数あるのは当たり前で、複数挙げておくと想定外の出来事が発生した場合のリスクヘッジにもなります。

**付図1　ロードマップ作成の3ステップ**

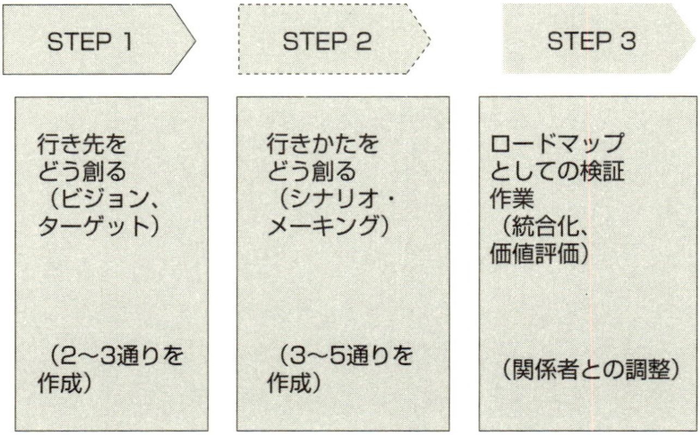

| STEP 1 | STEP 2 | STEP 3 |
|---|---|---|
| 行き先をどう創る（ビジョン、ターゲット） | 行きかたをどう創る（シナリオ・メーキング） | ロードマップとしての検証作業（統合化、価値評価） |
| （2～3通りを作成） | （3～5通りを作成） | （関係者との調整） |

最後のステップ3は、そのような仮説を総合的に考えたり、関係者の意見を聴いたりしながら、検証していくことです。

　ステップ1から3を繰り返しながら、つまり仮説と検証を試行錯誤的に繰り返しながら、進んでいくことがロードマップ作成の基本となります。

## （2）未来のあるべき姿と現実のギャップを明確にする

　ロードマップを描くと、未来のあるべき姿と現在のギャップが生じます。そのギャップを冷静に見つめて、どのように埋めるかを検討していくことで、現実的な選択肢が見えます。それが見えたところで、このオプションを実行プランとしてスケジュールに落とし込んでいきます。

　自分の強みを明確化し、ギャップ＝問題点を埋めることをで、ロードマップの作成は容易になります。

　その考え方のプロセスを付図2に示してあります。この図は、未来のあるべき（ありたい）姿と現実のギャップを明確にするというイメージで、よく使われています。

**付図2　ビジョンとロードマップ、現状と将来の位置づけ**

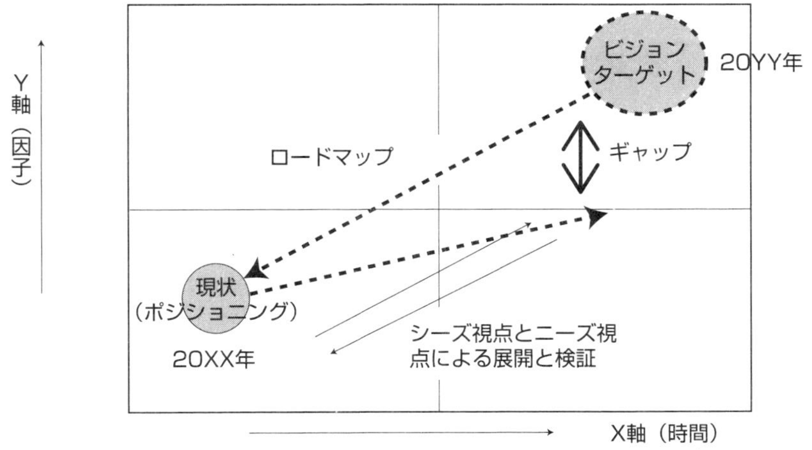

　まず、未来のあるべき姿＝ビジョン（ターゲット）を描きます。そこから現状に矢印を描きつなげます。次に現状からなりゆきでの矢印を伸ばします。すると未来におけるギャップが見えてきます。

このギャップが明確化してきたら、ではどうするか、という具体論が必要です。その埋め方がロードマップの現実的な内容となる、と考えるといいでしょう。

## (3) ロードマップ作成のフローチャート

　ロードマップづくりの全体のプロセスをフローチャートで示すと**付図3**のようになります。フローチャートの順番が重要ではなく、各ステップは行ったり来たりの試行錯誤をつづけながら、全体が進んでいくという感触です。

**付図3　ロードマップの一般策定プロセス（未来からの設定）**

（具体的な作業内容のフロー）

- STEP1：何を目指すか（行き先の設定）
- STEP2：環境と現状分析（現在のポジショニング）
- STEP3：全体シナリオの設定（ロードマップの方向性）
- STEP4：ロードマップ軸とマイルストンの設定（仮説構築）
- STEP5：ロードマップ作成と検証（ロードマップの策定）

STEP6：アクションプランなど

## (4) ロードマップの表現方法とは

　ロードマップの表現方法にはさまざまのものがあります。もともとロードマップには、未来を表示するという大前提があるのですが、その使い方はさまざまです。**付図4**には、そのパターンを軸の数で分類した例を示します。
　この中の二軸という表現方法が、スケジュールの表現方法と似ているので、混同している例が見受けられます。それを避けるために、まずは一軸か二軸のマップを描くことをお勧めします。

ロードマップには、使い道に応じた数だけのパターンがあるといっていいでしょう。

付図4　ロードマップの表現方法（軸の数による分類例）

①軸無し（文字のみ、図のみ）

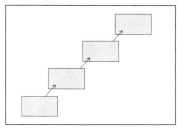
②一軸

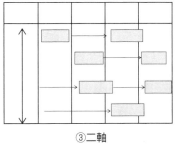
③二軸

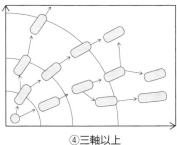
④三軸以上

## 付録2
# 20歳から80歳まで ロードマップについて年代別の考え方の例

　組織に勤務するサラリーマンを主なターゲットとしてロードマップ設定上の年代別ポイントを、著者の経験をベースにしてまとめてみました。

### ① 20歳代

　組織のなかの20歳代は、大学などを卒業して会社の仕組みを学びながら自分でいろいろと試す**吸収と学びの時期**といえます。大学では実社会のことをほとんど教えてくれません。予想もつかない出来事が現実の仕事には発生します。そこでのやりとりも、教科書で学んだようにはいきません。臨機応変に対応していかないと、取り残されてしまいます。人生の基礎固めの時期として考えてください。組織のなかでは何でも学ぶ姿勢が大切です。

　センスと才気ある若者にとっては、組織の問題点や矛盾点がクリアに見えてきます。さらに、ニッチでのビジネスチャンスも見えてくることもあります。そうなったときには、組織から離脱して自分の可能性をチャレンジすることもひとつの選択肢です。

　20歳代の失敗は勲章となります。大きな間違えにならないうちに引き返して組織に戻れば、その後の人生に大変なモチベーションを得られます。もちろん成功したら、それはそれに越したことはありません。どんどん展開してください。**新しいビジネスは若い世代がつくるのが**、世の常です。

### ② 30歳代

　仕事にも慣れ、そろそろ組織では10年選手です。仕事のやり方や現場のすみずみまでを知りながら、仕事の全体と対象顧客の顔も見えてきます。部下も何人かつき、重要なまとめ役となったりします。会社のなかでは、中心としてなくてはならない存在となり、仕事の面白さが、大変良くわかる年代

です。しかし、消極的に受身で仕事をしていると、自分の視点が狭くなるということも起こり、個人個人に大きな差がつきます。

この時期には、仕事内容だけでなく、属している組織の将来にわたる動きも見えてきます。自分の行なっている仕事の内容がこれでよいのか、という自問自答をする時期でもあります。新たな展開を考えている人は、そろそろ**自分の経歴と強みのリストとロードマップ**を作って、毎年正月には最新版にバージョンアップしておくことをすすめます。

組織に入って10年も過ぎると、自分の仕事適性と合っていないとか、もっとこんなことがしたい、と思い悩む人も出てきます。この人たちに勧めたいのは、配置換えと転職です。その職場で思い悩んだら、まずは社内、組織内での配置換えを希望してみてください。この時期にいろいろな部署を経験すること、中間管理職初期に社内起業を提案したり、それに参加することは、会社内の豊富な原資（人材、資金、設備、技術、ブランド等）を使って、ほとんどノーリスクで新しい経験を積むことを意味します。将来の組織からの「卒業」の練習にもなります。

**配置転換**はチャンスで、新しい道と考えたほうが道が開けるかと思います。それを繰り返してもだめなとき、また組織の将来が自分のイメージと違うときは**転職**です。自分のロードマップさえあれば、転職することは、さまざまな意味でプラスになることが多いと思います。たとえば、同僚の数が倍になる、顧客の候補も倍、組織に対する見方も倍、といろいろな意味で経験が増加します。判断の母数が増えていくわけです。これを活用しない手はありません。

30歳代も終わりになって、さまざまな経験を積んだ人は、現在いる組織からの「卒業」の最適期の一歩手前となります。ロードマップが存在していて、明確に新しい事業のかたちや、やり方、顧客のすがたが見えてきた人には組織からの独立を勧めます。

ロードマップがまだ描けていない人には、まさにロードマップを描くチャンスとなります。サラリーマンとして組織内に留まるにせよ、卒業をするにせよ、重要な40歳代に向かって何をしてきたか、**ロードマップをつくりながらの大いなる準備の時期**ともいえます。

### ③ 40歳代

　仕事でも人生でももっとも油が乗ってきた年代であるともいえます。この頃は経験でも、英知でも、体力でもエネルギーが充満しているときといえましょう。また、そのあとの50歳代以降の生き方や人生のすべてを決めてしまうような年代といっても過言ではありません。**大切な助走時期**ともいえますし、逆にまだ**ロードマップの大きな変更がきく最後のチャンス**といえる時期でもあります。

　大きな組織のなかでは、中間管理職として、上下にはさまれてその調整にこころを砕くことも多いかと思います。中間層のジレンマもいっぱいあるということになりますが、それはそれでさまざまのことを学びます。しかし、それだけに埋没してしまうと社内では使えるが、世の中では通じない人になってしまいます。

　この時期には、組織の枠を超えたネットワークと実力をつけるため、社内政治だけでなく、顧客のところなど社外への広範な活動に積極的に参加して視野をひろげてください。そうすることが、40歳代を充実させ、そのあとの50歳代以降の生き方を決めることになります。

　またこの時期は、社内での信用と人望、能力、期待が最高になるときです。**社内起業や新しい開発、事業化のプロジェクトマネジャーになること**を勧めます。

　まさに40歳代は、社内からも、社外からも頼りにされる時期です。40歳代は生涯のロードマップの新しい布石の展開の始まりで、**組織からの卒業・独立への最適期**ともいえます。

### ④ 50歳代

　本書では、この時代に組織を「卒業」し、自立するモデルをとっています（第1部参照）。いくつかの組織体では、景気にもよりますが役職定年制などで、55歳を境に同じ組織のなかでも業務環境が一変します。また50歳以降は出向人事などで、もはや本体に帰る見込みがない、ということが出てきます。

こうした事態は、本人の実力というものではなく、ほとんどの場合が組織と権力構造の都合だけで決まってしまう理不尽なものといえます。しかし自分に目的をもったロードマップがあれば、これはこれで、楽しみを発見する格好の機会ともなります。組織の論理に翻弄されるだけではなく、できるならば自分で先手をとって動くようなことも必要です。

　もちろん組織内にとどまっていくという選択肢もあります。そのような人にとっては、サラリーマン人生として総括時期です。たとえ係長や課長や部長どまりであろうとも大差ありません。幸いに組織のなかで役員になるというのは、すでに組織の従業員ではなく自立の一歩と考えてください。

　いずれにせよ、ある意味で**組織に属して活躍する最後のチャンス**になります。実際にどのようになろうとも、自分の道は自分できりひらかなければ、だれも助けてくれないことが、実感としてわかる年代です。

　組織内では、総仕上げとしてやり残したことがないように、充分に手を尽くすとともに、これまで育ててきた後輩に、仕事をどんどん渡していく時期です。この時期に自分で育ててきた仕事に固執すると、60歳代以降の人生にだれも後輩や友人はいなくなります。

　ラインから外れて時間的な余裕ができたときは、絶好の自分の棚卸時期となります。強みの認識と弱みの補強の絶好の時期で、不足している能力の充足時期となります。**この年代になっても、いろいろなことを学んでいくという姿勢**が大切です。

　仮に社外への出向などで、役員や代表として経営経験をつむことができれば、それはそれでリスク最小で将来の実施練習ができる最適のチャンスです。ロードマップ実現に向けて、チャレンジして学ぶ機会として前向きにとらえましょう。

### ⑤ 60歳代

　組織内にいる人は実質的な定年を迎えています。このため何らかの自立がなされています。個人で力を持っている人はどこにいようが、内外では専門家として、評判がかたまってくる時期です。組織の「卒業」の仕方はいろいろですが、役員となっていてもまだまだ活躍する時期で、60歳代は**現役の**

真っ只中です。

　この時期、すでに自立している人以外でも、企業の役員として残って活躍する人、別会社に移ってそこで活躍する人、定年延長でもとの職場に近いところで活躍する人などさまざまです。これらの場で**生きがいをもって、愉しむことができるかどうか、生き方を問われる場面**でもあります。

　一度、組織から卒業してじっくりと趣味を愉しんだり、家庭サービスをしたりというさまざまな展開に夢を描くこともあります。それらはロードマップに裏付けられていれば大変強いものとなります。

　自立した生き方を目指す人にとっては、すでにいろいろな布石を打っていて第二の投資から見返りを得る時期かもしれません。多くの人は、家族に対する扶養義務は済んでいることと思います。これまで企業内にいて温めてきたアイデアをもとに、会社を起こして活動し始める人もいます。専門性を生かして個人事務所を開いて、世の中への貢献を第一に活動を始めている人もいるでしょう。そのようなことを考えるのもロードマップ次第です。

　またこの時期は、若い人から将来の生き方へのアドバイス、すなわちロードマップ作成への手助けを依頼されることも多くあります。そのようなお手伝いをしていくのも社会貢献です。社会に役立ち、その結果収入があるというのは、社会に認められていることになります。

　できれば従来の枠の中からでて、**自分で新しい組織や道を切り開き、どんどん働いて価値を作り出し、その結果として収入を得てほしいところです。**このことが、自分自身の自立と育成につながり、結果的に若い人の役に立つものと筆者は考えています。

## ⑥ 70歳代

　本書では75歳という年齢をひとつのターゲットとして考えています。**75歳を境にして愉しみを優先させる**こともひとつのモデルです。ここからは**人生の総まとめの年**となります。もちろん人によって個人差はあり、これからがんばるぞという人もいますが、一般的にいうと、この時期はこれまでの経験をうまくまとめて後世の人に受け継いでいく、ロードマップの最終地点にちかづく時期です。

後輩の相談に乗ったり、必要に応じて指導をするかたわら、自分での足跡をとどめることが大切な仕事になるし社会貢献になります。そのことが後輩たちへの見本や背中を見せるベースになります。まさに「人生」の総まとめの時期です。

　この時期から新たにロードマップを作る人は少ないかもしれませんが、すでに独立・起業をしている人が、さらなる展開として、新しく会社を起こしたり、新しい試みをすることはよくあります。まさに、収穫しながら、種をまいていくロードマップによる再生産のパターンです。

　この時期に元気が残っている多くの人は、**ライフワークとして自分がやり残してきたことをする時期**でもあります。こんなこと、あんなことがやりたかったと思っていたことで、足りないことを社会人大学や学校などで学んだり教えたり、ボランティアベースで活動したりすることも、自分自身の活性化にもつながります。まだまだ、頑張っている人が多いともいえます。

# あとがき

　本書は、だれでもが75歳まで働くことを主題とした「自分ロードマップ」作成のマニュアル本です。

　もともとの発想は、日本人の寿命が100歳近くまで延びている時代に組織の定年制と年金制度が追いついていない現状で、サラリーマンの現実的な対応策を検討しているなかから生まれました。

　個人も「ひとつの事業体」という発想でライフサイクル全体をみたとき、50歳を中心に±25歳をうまく働くことで、問題の解決に近づくことに気づいたのです。そして、自分自身もそのスタイルを実践していたのです。すなわち、自分自身や周囲の友人、先輩方の体験をもとに、いかにライフプランを充実させていくかを考え、実行してきた末に生まれたのがこの本です。

　組織と個人の関係と収入、生きがい、家族や社会の価値に注目し、組織のなかにいるサラリーマンが「自分ロードマップ」を作成できるように工夫しました。組織の中にいる間は自立への準備期間、50歳以上の活動が本番、という位置づけになっています。

　組織を離れた場合、自分の持っている価値をどのように収入（お金）にかえることができるか？　なかなか事例のなかったこの問題に、具体的に多数の計算例も示して、実践的な本になったと思っています。少しでも参考にしていただければ幸いです。

**著者**………出川 通（でがわ・とおる）

2004年に株式会社テクノ・インテグレーションを設立、代表取締役社長として、MOT（技術経営）やイノベーションのマネジメント手法を用いて多数の大中小企業むけに開発・事業化のコンサルティングや研修、実践マネジメントなどを行なっている。

1974年東北大学大学院材料加工学専攻修了後、20年以上にわたり大手メーカーに勤務。産学連携や日米のベンチャー企業との共同により、いくつかの新規事業を企画段階から立ち上げた。専門は新事業展開のマネジメントやマクロからナノまでの材料加工プロセス、工学博士。

早稲田大学・東北大学・島根大学・大分大学・香川大学などの客員教授や多数の大学・高専での非常勤講師などで学生、社会人、中小企業・ベンチャー経営者に実践MOTを講義する。複数のベンチャー企業の役員、経産省、文科省、農水省、NEDO、JST各種評価委員、技術者教育関係団体の理事など多くの役職に就任。また理科少年・少女シリーズや地域イノベーター発掘企画などを実施中。

**著書**
『MANGA源内』（言視舎、2015刊）
『図解　実践ＭＯＴ入門』（言視舎、2014刊）
『実践図解　MOTマーケティング入門』（秀和システム 2013刊）
『実践図解　パーフェクトMOT』（秀和システム 2011刊）
『新事業とイノベーションにおける知財の活かし方』（発明協会、2011刊）
『技術経営の考え方：ＭＯＴと開発ベンチャーの現場から』（光文社、2004刊）
『理系人生　自己実現ロードマップ読本』（言視舎、2012刊）
『平賀源内に学ぶイノベーターになる方法』（言視舎、2012刊）など多数
　　連絡先：degawa@techno-ig.com

カバー立体イラスト………野崎一人
装丁…………山田英春
ＤＴＰ組版……勝澤節子
編集協力………田中はるか

言視BOOKS
# 75歳まで働き愉しむ方法
「自分ロードマップ」で未来がみえてくる

発行日❖2015年3月31日　初版第1刷

**著者**
出川　通

**発行者**
杉山尚次

**発行所**
株式会社**言視舎**
東京都千代田区富士見2-2-2　〒102-0071
電話 03-3234-5997　FAX 03-3234-5957
http://www.s-pn.jp/

印刷・製本
モリモト印刷㈱

© Toru Degawa, 2015, Printed in Japan
ISBN978-4-86565-013-6 C0336

## イノベーションのための理科少年・少女シリーズほか

### 平賀源内に学ぶイノベーターになる方法

出川　通著
978-4-905369-42-4

平賀源内の発想法・生き方が、現在の日本と日本人を活性化する。学者、発見家、発明家、エンジニア、起業家、ネットワーカー……改革者として源内がなしたことを検証し、現在に生かすヒント・方法を導き出す。

四六判並製　　定価 1500 円＋税

### MANGA 源内
#### イノベーター平賀源内の肖像

作・文　出川通　マンガ　REN
978-4-86565-008-2

発見家、発明家、エンジニア、起業家、ネットワーカー…イノベーターの先駆者源内の生涯を、マンガと図版・写真でわかりやすく解説する。

Ａ５判並製　　定価 1200 円＋税

### 「自由訳」平賀源内作
### 風流志道軒傳

風來山人(平賀源内) 著
イノベーター源内研究編・訳　出川通解説
978-4-905369-19-6

「日本版ガリバー旅行記」ともいわれ、浄瑠璃等などに翻訳されて広く知られる江戸期のベストセラー本。庶民が旅することが困難だった時代に、日本全国だけでなく、巨人の国、小人の国、長脚国、いかさま国などを巡る「トンデモ冒険 SF」小説でもある。

四六判並製　　定価 1500 円＋税

### 理系人生　自己実現ロードマップ読本
#### 改訂版「理科少年」が仕事を変える、会社を救う

出川　通著
978-4-905369-43-1

「専門家」「技術者」というだけでは、食べていけない時代に突入！　あらゆる領域でイノベーションが求められている。自分の仕事と組織をイノベートするには「ロードマップ」の発想と「理科少年・少女」のわくわく感が最も有効。

四六判並製　　定価 1600 円＋税

### 増補改訂版　図解
### 実践 MOT 入門

出川　通著
978-4-905369-96-7

技術を新規事業・新商品につなげる方法。チャートで学ぶ、成功し儲けるための MOT 戦略。実践 MOT コンサル第一人者による解説。大企業から中小ベンチャーまで、だれでもイノベーションの方法を実践できる。すぐ役立つ内容。モノづくりや技術に携わる人必携。

Ｂ６判並製　　定価 1100 円＋税